斎藤一人
天才の「謎」

遠藤忠夫

ロング新書

●はじめに

みなさん、こんにちは。遠藤忠夫です。

私は今から約三十年前、十人の弟子の一人、舛岡《おか》はなゑ社長がやっていた喫茶店『十夢想家《とむそうや》』で、一人さんと初めて出会いました。この出会いが私に数々の奇跡をもたらしてくれました。

『広辞苑』で「奇跡」の意味を調べると、「常識では考えられない神秘的な出来事」と書いてあります。ふつうは、そうですよね。

でも、一人さんは、いろいろな奇跡をいとも簡単に見せてくれるのです。

一人さんと出会うまで、私は友人にも隠していましたが、劣等感のかたまりでした。お金持ちで、はたから見ると、何不自由なく暮らしている人も、その日その日を生きるのが精一杯の人でも、人は大なり小なり等しく劣等感を持っています。

勉強で他人と比べられたり、容姿のことで悩んだり、人には言えない家族環境の問題があったり、劣等感の内容は様々です。

あとで詳しくお話しますが、私の劣等感は「貧乏だったこと」でした。そんな貧乏で悩んでいた私も一人さんに出会い、精神的な豊かさと経済的な豊かさを与えていただきました。

一人さんは「人の個性は十人十色」だと言います。その十色の十人が、一人さんの弟子になりました。そして個性が全然違う十人が、それぞれの個性を生かして成功する方法を教えてくださいました。

この本はそんな十人の中の一人、私が一人さんから教えてもらった話です。

皆様が幸せになるお手伝いができたら私も幸せです。感謝。

遠藤忠夫

第1章 劣等感だらけだった私

第2章

仕事の指導霊に導かれて

第3章 『まるかん』が成功するわけ

第4章

「正しい」ことより、「楽しい」ことを

第5章 カッコよく生きる

第1章

劣等感だらけだった私

父の病気、すべて母の肩にかかった治療費、借金返済、一家の家計

「遠藤くん、タクシーを呼んだから、今からお父さんが入院している病院に行きなさい」

授業中、担任の先生にこう言われたのは、小学校二年生の時でした。父が救急車で病院に運ばれたというのです。先生は続けて、こうも言いました。

「遠藤くんは男の子なんだから、絶対に泣いちゃダメだよ。これからはお母さんを支えてあげるようにね」

いったい何のことだか、さっぱり分かりません。だって、父が病気だったなんて、全然知りませんでしたから。

当時、父は個人タクシーの運転手をやっていました。個人タクシーは、働く時間を自分で決められますから、父は毎日夕方に出ていって、昼間に帰ってきました。夕方からが稼ぎ時だったので、そういう時間帯にタクシーを走らせることにしたのでしょう。

私が学校から帰ってくる頃、仕事に出かけ、私が学校に行っている間に帰ってくる。そんな生活でしたし、まだ小さかったから父の変調に気がつかなかったのかも知れません。

しかし、父の入院は家族にとっても、晴天の霹靂《へきれき》でした。

運び込まれた病院で、父は大腸ガンだという診断を受けました。しかも、かなり進んでいて、手術はするけれど、九〇パーセントは助からないだろうというのです。

幸い、この時は命を取り留めましたが、それからが大変でした。当時は五百万円あれば家が建てられた時代。それが父の手術費用と入院費用で二千万円の借金が出来てしまったのです。退院はしたものの、父はその後も入退院を繰り返す状態で、働くことは出来ません。借金の返済と、一家の家計、そして父の治療費がすべて母の肩にかかってきたのです。

それまで母は友人の小料理屋を手伝っていましたが、父が退院すると、借金を自分の手で返そうと考えて店を借り、小さな小料理屋を始めました。明るくて世話好きの母の人柄で、店はけっこう繁盛しましたが、それでも借金返済と父の治療費で、家計はいつも火の車でした。

笑えなかった『8時だよ！　全員集合』の雨漏りのコント

昔、『8時だよ！　全員集合』というテレビ番組がありました。毎回繰り広げられるドリフターズのコントが面白くて、大人気の番組でした。

その日のコントは、リーダーのいかりや長介がお母さんに扮し、残りのメンバーはその子供たち。家族五人が暮らす古い家に雨が降ってくると、ポタリポタリと雨漏りがする。それを受け止めるために、最初は湯飲みやお茶碗を置いていたけれど、そのうちそれでは間に合わなくなり、バケツやタライまで登場。最後は大雨で天井が抜け、家が壊れてしまうというものでした。公開番組でしたから、お客様の笑い声が聞こえてきます。

でも、私はそのコントを見て、どうしても笑うことができませんでした。なぜなら、雨が降ると、我が家も同じような状況になるからでした。

当時はまた、『巨人の星』というアニメーション漫画も大人気でした。星《ほし》飛雄馬《ひゅうま》という少年が、父親のしごきに耐えて、巨人軍の投手になり、さまざまなライバルと対決するという漫画です。

飛雄馬のお父さん、星一徹《ほしいってつ》はガンコ者で、怒りっぽく、怒るとすぐ卓袱台《ちゃぶだい》をひっくり返して、飛雄馬を殴ったりします。家も貧乏で長屋でした。

でも、一間の部屋に両親と姉妹で暮らしている私から見ると、父と姉の三人で暮らす、飛雄馬の家は、実に広々と感じられました。

私の父は病弱だったから、キャッチボールなんか出来ません。息子とキャッチボールをする星一徹は素晴らしい父親に見え、うらやましく思えたものです。

耐えられなかった「給食をただで食べている」ということ

その日その日を食べていくのがやっとでしたから、家族旅行なんて、とんでもないこと。ジャージが破れてしまっても、すぐ買ってもらうこともできません。

でも、そんなことは耐えられました。どうしても耐えられなかったのは、給食を「ただ」で食べていたということです。経済的に困っている家庭の子には、給食費を免除するという制度がありました。

毎月、私は先生のところに行って、給食費を免除してもらうための用紙をもらい、理由を書いて先生に渡していました。子供の私にとって、それは大変な苦痛でした。

給食費を集める時は、後ろの席に坐っている人から、順に前に送って、いちばん前に坐っている人が、その列の人の分を先生に渡していたのですが、免除してもらっている私は、みんなのように給食費を出さず、後ろから送られてきたものを、そのまま前に送るだけ。

みんなに貧乏人だと思われているんじゃないか、バカにされたり、哀れに思われたりするんじゃないかと、本当に針のむしろに坐っているような気分でした。

給食を食べている時だって、「みんなはちゃんとお金を払っているけど、僕はただで食べているんだ」と思うと、ゆううつな気分になり落ち込みます。貧乏だからといって、哀れに思われたり、蔑《さげす》まれたりしないように、私はガキ大将になりました。それが小さな私に出来る精一杯の抵抗だったのです。

自分で働いて、お金を稼ぐようになってからも、貧乏の劣等感は消えません。「貧乏」という言葉を聞くと、子供のころの自分を思い出して、いやーな気分になります。

新製品とか、今年の流行とか聞くと、とりあえず買っておかないと気がすまない。あれはどういう心理がそうさせるのでしょう。とにかく手当たり次第にいろいろなものを買っていました（といっても、給料の範囲内で、ですけど）。必要か必要でないかなんて考えません。とにかくモノを持っていないと、「貧乏」になるようで、怖かったのかも知れません。

「劣等感と永久にさよなら出来る言葉があるんだよ」

一人さんと知り合って、しばらくしてから、私は一人さんに自分の劣等感について話したことがありました。そのとき、一人さんはこう言ってくれたのです。

「忠夫ちゃんもいろいろなことを学んだね。忠夫ちゃんは、貧乏をしたくて貧乏になったんじゃない。お父さんが病気になって、それで貧乏になって、

小さい時、イヤな思い、つらい思いをしたんだよね。

もうその思いを忘れていいのに、それが劣等感という形になって、ずーっと心の中に残っている。『貧乏』という言葉を聞くと、昔のことを思い出させてしまう人がいる。

それが『心の中の悪徳裁判官』なんだよ。裁判官は人を裁くよね。でも、罪を償えば、それで終わりになるじゃない？

でも、終わったことを何度も何度も思い出させる悪い裁判官が忠夫ちゃんの心の中にいるんだよ。

いいかい、今度出てきたら、こう言うんだよ。

『あなたとはもう縁を切ります！　別れます』。そして、心の中から悪徳裁判官を追い出したら、その隙間を天国言葉で埋めてしまうんだよ。

『感謝してます』

『ついてる』

『うれしい』

『楽しい』

『しあわせ』

『ありがとう』

『ゆるします』

これらの言葉を呪文のように言ってごらん。そうすれば劣等感と永久にさよならできるよ」

許せなかった父のこと

一人さんと出会う前、私は劣等感のかたまりでもありました。

「貧乏」だったことが一つ。

尊敬できない親だったというのも、劣等感でした。

父は病気をする前、個人タクシーの運転手をしていましたが、個人タクシーを営業していた期間はわずかで、その前は東京の下町にあるタクシー会社に勤めていました。

個人タクシーを始めてからは、夕方に出て行くので、一緒に夕食を食べることはほとんどなかったのですが、タクシー会社に勤めていたころは、朝出かけて翌日の朝戻り、また次の日の朝出かけるというローテーションでしたから、仕事明けの日は父と一緒に夕食を食べるわけです。

父は酒飲みでした。食事が始まると、まずビールを飲みます。顔が赤くなって、口が滑らかになって、機嫌良さそうです。

ここまではいいお酒です。

そのあと日本酒を飲みだします。そうすると、気持ちいいお酒から一転、暴れるお酒になるんです。

何が気に入らないのか、日本酒を飲みだすと決まって暴れて、卓袱台をひっくり返す。それが夕食のたびに繰り返されるわけです。

だから、父が日本酒を飲み始めると、自分が食べたいおかずを茶碗の中にささっと入れて、「来たな」と思うと、さっと立って台所に避難する。そんなことを繰り返していました。

私には姉が二人います。上の姉とは十一歳離れていて、下の姉とは五歳離れています。

上の姉はこんな父がイヤでたまらなかったんでしょうね。中学を卒業すると家を出てしまいました。

私もそんな暴れる父がいる家が嫌いでした。

「大人になったら家を出よう」、そればかりを考えて、二十歳になった時、近くにアパートを借りました。

母のことは心配でしたが、「貧乏」がしみついた家にいたくなかったし、何より父のことが許せなかったのだと思います。

「元気な時はお酒を飲んで暴れて、病気になったら母親に苦労をかけてばかり。なんのための親なんだ」

と、思っていたのです。

「親は生んでくれただけでありがたいの」

でも、あるとき一人さんに言われました。

「忠夫ちゃん、親は生んでくれただけでありがたいの。

貧乏だとか、教養がないとか、親に対していろいろ言う人がいるけど、貧乏だったり、教養がない親だったら、自分一人生きるだけでも大変なんだよ。それなのに、自分を生んで、育ててくれたことに感謝をしないといけないよね」

言われてみれば、その通りです。父だって、なりたくて病気になったわけじゃありません。病気になる前は、子供をしっかり育てよう、学校もきちんと出そう、家も建てて、大黒柱と言われるように、家族を守っていこうと思っていたはずです。

それが病気になって、出来なくなった。

そうだ、生んでくれただけでもありがたいじゃないか。

そのように思うようになってから、父ともいろいろな話ができるようになりました。

お母さんがそばにいないと、子供はかわいそう?

私はまだ独身なので、当然親でもないわけですが、ときどき親になったら、どんな親になるだろうと考えることがあります。

自分が貧乏だったから、子供にだけはお金の不自由をさせまいとするだろうか、それとも厳しく育てるだろうか。

ちょうど私の会社に、子供が生まれたばかりのスタッフの修《おさむ》ちゃんがいたので、「どんなふうに子育てしてるの?」と聞いてみました。

そうしたら、彼はこう言うのです。

「社長、子育てじゃないんです。子供が親育てするんだって、一人さんに言われたんです」

親育て？　初めて聞く言葉です。

修ちゃんの奥さんも、うちの会社で事務を手伝ってくれています。子供が生まれると分かった時、奥さんは仕事をやめて子育てに専念したほうがいいか悩んだと言います。

修ちゃんの実家は旅館を営んでいるので、当然お母さんは子育てに専念出来ませんでした。

修ちゃんには年の離れた弟がいるのですが、お母さんは弟さんが小さい時、いつも「お母さんが家にいてあげられなくて、ごめんね。かわいそうな子だね」と言っていたそうです。

修ちゃんもお母さんの言葉をそばで聞いていたから、お母さんがそばにいないと、子供はかわいそうなんだと思っていたと言います。

だから、自分に子供が出来たら、妻は仕事をやめたほうがいいんじゃないか、そう思って一人さんに相談しました。

「子供を育てようなんて思っちゃいけないよ。
子供が親を育ててくれるんだ」

そのとき一人さんは、こう言ったそうです。

「修ちゃん、それは違うよ。子供がかわいそうなのは、お母さんが家にいないからじゃない。
『かわいそうに、かわいそうに』と言って育てるから、かわいそうな子供になっちゃうんだよ。

私の母親も働いていたけど、『かわいそうに』なんて言われたことはなかった。

『私が一生懸命働いているから、ごはんも食べられるし、洋服も着られるんだよ。

お母さんは自分のやるべきことを一生懸命やるから、あなたはあなたのやるべきことを一生懸命やるのよ』

と、ずーっと言われて育ったから、淋しいことなんてなかった。

だから、親の言葉って、すごく大事なんだよ。

それに子供は親よりあとから生まれるんだから、親より絶対優秀なんだよ。

だから、子供を育てようなんて思っちゃいけないよ。

子供が親を育ててくれるんだ。

小さい子の笑顔を見ていると、親も自然に笑顔になるよね。

あれは、子供がいつも笑顔でいるように教えてくれてるんだよ。

子供がごはんを食べないと、怒ったりするよね。

でも、それは本当においしいごはんだったのかな。

もしかしたら、口に合わなかったのかも知れないと思ったら、おいしくなるように工夫するよね。

子供はいつも親を育ててくれている
ということを忘れちゃいけないよ」


子供が親を育てる……。確かにそうかも知れません。親にとっては、子供はそれだけ大切な存在でもあるわけです。

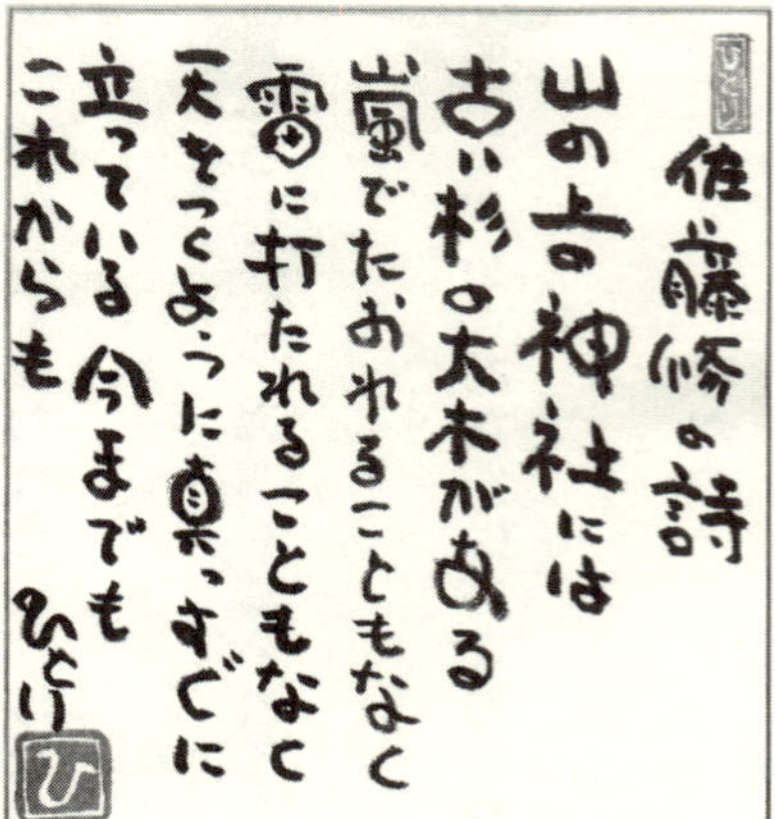
佐藤修の詩
山の上の神社には
古い杉の大木がある
嵐でたおれることもなく
雷に打たれることもなく
天をつくように真っすぐに
立っている 今までも
これからも
ひとり

そう考えると、「どうして、こんな家に生まれてきちゃったんだろう」と、親をうとましく思い、劣等感ばかり抱いていた自分は、果たして親にとっていい子供だったのか、反省せずにいられません。

「世界でいちばん幸せな人間は足りるを知っている人なんだよ」

父は手術後も、長い長い間ガンという病気と闘い続け、以前のようには動けなくなってしまった体でも、今の自分に出来ることは何があるのか、どうしたら家族を食べさせて行けるのだろうかと必死に考えて、五十歳をゆうに過ぎてから電気技師の国家資格を取りました。

そんな父も平成十二年に七十五歳で亡くなりました。

亡くなる前、父は私に話しました。「お母さんはおれと結婚して、楽しい思いをあまりしていない。だから、お父さんの分までお母さんのことだけは頼んだぞ」と言いました。

私もそう思っていました。母は苦労ばかりで全然幸せじゃなかったろうなと。

ある時、一人さんに聞かれました。

「忠夫ちゃん、世界でいちばん幸せな人間ってどういう人か知ってるかい？」

世界でいちばん幸せな人間？　お金があって、家族みんな仲が良くて、健康で暮らしていれば幸せだろうな。つまり、今の私と正反対の人間ですか？

ちょっとスネた気持ちで、こう答えました。

「だれなんでしょうね。分かりません」

すると、一人さんはこう言ったのです。

「それはね、足りるを知っている人なんだよ。

今、忠夫ちゃんがお金を持ってないとするよね。もし、百万円あったら幸せになれると思うよね。

車を持っていない人は、自分は車を持っていないから不幸せなんだ。車を持てば幸せになれると思うでしょう。

彼女がいない人は、彼女が出来たら幸せになれると思う。

また、ある人は、今は借家だけど、マイホームが手に入ったら幸せになれると思ってる。

つねに、今自分に足らないものを『これがあれば幸せになれる』と思っている人は、実は一生幸せは手に入らないんだよ。

なぜかというと、それは心の問題だから。

その人が、家を建てました、彼女が出来ました、お金も手に入れました。

みんな手に入れたんだから、幸せだよね。

でも、その人は絶対幸せになれない。

なぜなら、手に入れた瞬間から、次に足らないものを求め始めるから。

最初はとても貧乏だった、ある程度手に入れて中くらいになった、幸せでいいじゃないか。これでいいじゃないかと思うけど、その人は、それらを手に入れたら、さらに上のものが欲しくなっちゃう。

『欲にキリなし、地獄に底なし』なんだよ。

幸せっていうのは、自分の心が決めるんだよ。お金も必要かもしれない。

でも、『今、貧乏だから、お金を手に入れたら幸せになれる』と言う人は、お金を持っても幸せになれない。

『今、幸せだ』と思える人が、お金を持った時、さらなる幸せが手に入る。

幸せは、お金やものだけじゃないよ。心が決めるんだよ」

父が生きている時、母は苦労ばかりで幸せじゃなかったと思っていた私ですが、今はこう思うのです。「母は幸せだったかも知れない」と。

というのは、母は肝っ玉かあさんみたいな人で、自分の家が大変なのに、お金がない人にも、「いいよ。今度の給料日にもらうから」と、平気で食べさせてしまうし、子供が回覧板などを持ってくると、必ずお駄賃にお菓子を包んで渡したりしていました。

確かにお金はなかったし、大変だったけれど、当時もそれなりに母は幸せだったんじゃないか、そう思います。

「きょうだいだからって、仲良くしなくちゃいけないってないんだよ」

私にはきょうだいがいます。姉が二人に妹一人、今はそれぞれ幸せに暮らしていますが、昔は会うたびに喧嘩をしていました。他人ならまだしも、きょうだいです。

それなのに全然理解し合えない。理解というより、話にならないというほうが近いかも知れません。

「家族力を合わせて」とか、「家族なんだから」というセリフをよく聞きますが、「だから、どうした」という感じです。

でも、やっぱり私は悩むんです。

「どうしてうちはこうなんだろう」「なぜ分かり合えないんだろう」って。

その時、一人さんはこう言ってくれました。

「合わない人とは会わなければいいんだよ」

って。

「忠夫ちゃんは、きょうだいだから、仲良くしなくちゃいけないと考えているけど、会っていて楽しくなければ会わなくていいんだよ。

相性が悪いのに会っていると、きょうだいだって殺されることだってあるからね。

人間には、一生に一度会えばいい人と、一年に一度会えばいい人、ひと月

に一度ぐらい会えばいい人、それから毎日でも会いたい人がいるんだよ。

その距離を保っていると、距離が縮まることがある。

一年に一度会えばいいと思っている人と、一年に一度会っていると、お互い平和でいられるよね。

そんなにイヤな人じゃないと思ったりもする。

そうすると、半年に一度会いたいなと思うようになる。

そのうち三カ月に一度会いたいと思うようになるかも知れない。

だから、無理に会う必要はないんだよ。

その距離間を大切にするの。そうすることによってお互いが幸せになれるんだよ」


合わない人とは会わない。

一人さんにそう言われて、すごく気持ちがラクになりました。

きょうだいとめったに会う機会はありませんが、お互い平和に暮らしていますし、姉や妹に今では心から感謝しています。

最高の友との運命的な出会い

私が毎日でも会っていたい人たち、それは一人さんや『まるかん』の仲間、特に社長さんたちです。

舛岡はなゑ社長とは幼稚園のころから一緒。

千葉純一社長や宇野信行社長は中学からの仲間ですから、過ごしていた時間は家族以上です。

この三人との出会いというのが、ドラマチックというか、運命的なんです。

私が最初に通っていた幼稚園は、はなゑ社長とは違う幼稚園でした。それがなぜ、はなゑ社長と同じ幼稚園に通うようになったかと言いますと、ある事件があったからなんです。

最初に通っていた幼稚園は、通園バスがあり、バスが家の近くまで送り迎えをしてくれていたのですが、バスの付き添いの保父さんに、私はなぜかいじめられていました。

バスに乗り、「バイバーイ」と母親に手を振り、バスのドアが閉まったとたん、その保父さんは私の頭を叩くのです。それも毎日毎日。

私は「いつか仕返ししてやろう」と思っていました。

そして、チャンスが巡ってきたのです。

ふつうはドアがちゃんと閉まってから出発するバスが、その日はドアを開けたまま出発してしまいました。

私に嫌がらせをしていた保父さんが、それに気づいてドアを閉めようとした時、私は彼に体当たりしたのです。

保父さんはバスから落ちてケガをしました。

次の日、私と母は園長室に呼び出され、「退園してほしい」と言われたのです。

母は何も言いませんでしたが、私がそんなことをするには、それなりの理由があると思ったのでしょう。

「分かりました」とだけ言って、私の退園は決まりました。

とはいえ、家の近くに、ほかに保育園はありません。母は当時小料理屋の手伝いをしていましたから、子供は絶対預けなくてはならない。

そこで家族は、隣の町へ引っ越したのです。そして転園した先の幼稚園にいたのが、はなゑ社長。

私が『まるかん』で今こうして働くことができるのも、はなゑ社長が私の背中を押してくれたからです。

いくら感謝しても感謝しきれませんし、この恩は今世では返しきれそうにありません。

そして、中学一年の時に宇野社長と同じクラスになり、二年生の時に千葉社長と出会い、働くようになってすぐに友達になったのが、まゆみ社長です。

これも、転園するために引っ越さなければ、私は違う中学に進学したわけですから、あの「バス突き落とし事件」がなかったら、はなゑ社長、千葉社長、宇野社長に会わなかったことになります。

「旅は誰と行くかで決まるんだよ」

そんなことで、私の中の嫌な思い出は、今から思うと素晴らしい出会いを演出してくれたことに気づいたのです。

恵美子社長との出逢いも『十夢想家《とむそうや》』です。

ある日、私が『十夢想家』の向かいを歩いていると、入り口に黒山の人だかりが出来ているではありませんか。

「なんでかな」と思いながら歩いていくと、中から美しくパワフルな歌声が聞こえてきました。それが恵美子社長との初めての出会いでした。

みっちゃん先生と初めて出会ったのも『十夢想家』でした。

世の中にこんなに優しく観音様のような人がいたんだと思ったのが、私の正直な感想です。

その後、芦川社長とも出会いました。

それからずっと私たちは一緒です。

一人さんによると、人にはそれぞれソウルメイトという、人生を分かち合う何人かの人がいるそうですが、一人さんや十人の社長さんたちとは間違いなく、ソウルメイトだと確信しています。

楽しい仲間といると人生が楽しくなりますよね！

一人さんはよくこう言います。

「旅はどこに行くかで楽しくなるんじゃないよ。誰と行くかで決まるんだよ！」

私はこの先の人生、楽しい仲間といつまでもどこまでも、歩き続けていきたいと思います。

みなさんも、ぜひ楽しい仲間と楽しい人生を歩いてください。

第2章

仕事の指導霊に導かれて

警察学校の最後の面接試験で落ちた理由

運命といえば、こんなこともあります。

私がいちばんなりたかった職業は、体育の教師でした。

しかし、家にはお金がありませんから、大学に進むのは無理です。

そこで私は警察学校の試験を受けました。白バイ隊の隊員となって、さっそうと風を切りながら飛ばしていくオートバイの姿に憧れていたのです。

しかも私は、正義感のかたまりでした。間違ったことをする奴は許せない。

高校の時、隠れタバコをしている同級生を見つけた時でも、知らん顔は出来ませんでした。

その人達の方にツカツカと歩み寄り、「規則があるんだから、学校では吸うな。吸いたかったら、学校をやめるか、家で吸え」と言うわけです。未成年者に向かって、「家で吸え」もないもんですが、とにかくそう言って、腕ずくでも言うことをきかせました。

警察学校に入るには、学科と実技、そして面接試験があります。実技は反復横跳びとか、垂直跳び、倒立など、体力測定のようなものでしたが、運動神経には自信があった私は、ほとんどパーフェクトの出来でした。学科テストにも合格し、いよいよ最後の面接試験。これも自信がありました。

ハキハキ答えるし、質問に対する答えも明確。面接官の手ごたえもあります。そして、最後の質問。

「あなたは最近、どんな本を読みましたか」という質問に、私はなんと『高瀬舟』と答えてしまったのです。

森鷗外の『高瀬舟』。江戸時代、関西で罪を犯した人間が遠島を言い渡されると、京都を流れる高瀬川を走る船に乗せられました。その船を高瀬舟というのですが、物語は、弟殺しの罪で高瀬舟に乗せられた男に、護送にあたる今でいう警察官が、弟殺しの理由を聞き出していくという、情に訴える内容のものでした。

私が『高瀬舟』を読んだと聞いた面接官は、その感想を聞きました。

その時、私の口から出たのは、信じられないような答えでした。

「はい、私でしたら、無罪放免にして逃がしてやります」という、警察官を志す人間なら、決して言わないだろうセリフ。

自分で言って、自分で驚きました。血の気がひくということが、どういうことか、あのとき、はっきり分かりました。でも、一度口から出たものを引っ込めることができません。

その結果、見事に落ちました。地球が沈んでしまったぐらいのショックでした。

頭の中が真っ白になって、誰もいないところで、一人で悔し泣きしました。

「人は、この世に生まれてきたら、一度は試練を受けるようになっているんだよ」

後日、一人さんに、「昔、私にはこういうことがあったんです」と話をすると、一人さんはこう言いました。

「命という字を見てごらん。『人は一度は叩かれる』と書くだろう。人は、この世に生まれてきたら、一度は試練を受けるようになってるんだ

よ。
だけど、これは絶対乗り越えられる試練なの。
神様は、その人が乗り越えられる試練しか与えないから」

警察官になれば両親を安心させることができる。そういう気持ちが強かった私にとって、いちばんの試練は、警察学校の試験を落ちた時だったと思います。

一人さんの言葉どおり、なんとか乗り越えることが出来ましたが、それは私の力というより、友達のおかげです。

私が試験に落ちた時、千葉社長や宇野社長は、「忠夫ちゃんは受からなくて良かったんだよ。落ちたほうが良かったんだよ」と言って励ましてくれたんです。

「残念だったな」と言われると、たぶん悔しさが込み上げてきたでしょうけど、そうは言わなかった。

実際、警察官にならなかったことで、生涯の師である一人さんと出会い『まるかん』の仕事が出来るようになりました。

今、こうして良き仲間と、楽しく仕事をしているのも、あの「まさか⁉」という坂があったおかげです。

長い人生には上り坂も下り坂もあります。

でも、見方を変えれば、下り坂も上り坂になるのです。逆方向から見ればいいだけですからね。

今、歩いているこの道は、神様が私に歩ませてくれた道なんだなと感謝してます。

「営業って素晴らしいな、人って温かいな」と思える出来事

警察学校の試験に落ちて、しばらく呆然とした日々を過ごしましたが、家のことを考えると、なんとしてでも就職しなければなりません。

体育の教師にも警察官にもなれなかった。じゃあ、自分がほかに好きなことはなんだと考えたら、車も好きなんですね。

「よし、車の整備工になろう」と思って、自動車会社の試験を受けました。

面接の時、ある工具を出されて、「これはなんですか」と聞かれたんです。迷わず「ペンチ」と答えたら、こう言われました。

「これはプライヤーです」

これで整備工はダメになり、営業マンとして雇われました。

実は、この世の中で一番向いていないと思った仕事が営業でした。人に頭を下げる、つらい仕事というイメージがあったのです。でも、仕方ありません。

担当した地域を一軒一軒、飛び込み訪問しました。

「Mオートの遠藤です。この地域の担当になりました。車のことで分からないことや、車がご入用のときは、ぜひ私にお願いします。

一生懸命やりますので、よろしくお願いします」

今でもその時のセリフは覚えています。これを雨の日も風の日も毎日やるわけです。

朝着ていたスーツは、帰るころになると、汗でびっしょり濡れて色が変わります。

こんなことを続けていくうちに、営業って素晴らしいな、人って温かいなと思える出来事が起きたのです。

もちろん、こうやって営業をしていっても、車がすぐに売れるわけはありません。

だって、考えてもみてください。営業マンがきたからといって、「あら、ちょうど良かった。車を買おうと思ってたの」などという人に当たるのは、隕石に当たるのと同じくらいの確率です。

買ってくれなくて当たり前。話を聞いてもらえるだけでもありがたい……そんな気持ちで訪問していたら、暑い夏の日、「大変だねえ、ジュースでも飲みなよ」とジュースを出してくださった人、「甘いものでもどう?」とケーキを出してくださった人、いろいろな人が出てきて、一年たたないうちに、「車、あなたから買うわ」と言う人も出てきました。

三年目に入るころは、年間何十台と売るようになって、けっこういい成績の営業マンになったのです。

仕事は選ぶものじゃなくて、呼ばれるもの

転機がきたのは、その頃。大学生の彼氏の誕生日に車を買ってあげるという女の子に車を売りました。

そして、納車した翌日、その男の子が運転する車が高速道路の中央分離帯にぶつかって、同乗していた女の子ともども死亡したというニュースが流れたのです。

信じられませんでした。

昨日、納車した時、あんなに喜んでくれた人が、今はもういないなんて

……。

そして思ったのです。

車を売るのではなく、事故をなくしたい。

そのためには教習所の教官になろう。

後先考えず、勤めていた会社をやめ、指導員を募集していた千葉の教習所の教官になりました。

これにもちょっとしたこぼれ話があります。

指導員になるためには、ペーパーテストと実地テストに合格しなくてはなりません。実地はほとんど満点。ペーパーテストもパーフェクトでした。

しかし！　名前を書くのを忘れてしまったのです。

普通なら、一度でパスしないと、教習所に採用してもらえないのですが、人情味溢れる社長さんの配慮で半年間、教習所に通う人たちを送迎するバスの運転手として働かせてもらい、半年後に受験して見事に合格しました。

この時はしっかり名前を書きました。

その後、千葉の教習所では六年間、技能と学科を教えました。

考えてみたら、ここまでの私は、自分で仕事を選んだというよりも、むしろ仕事に呼ばれているような気がします。

営業マンだって、なりたくてなったわけではないし、教習所の指導員だって、あの事故がなければ、考えたこともない職業でした。

一人さんはよく、「仕事は選ぶものじゃない。呼ばれるものなんだ」と言いますが、本当にそうだなあと思います。

「合わない仕事は一秒たりともしちゃいけないよ。石の上に三年いたらお尻が痛くなるだけ」

ところで、私がMオートの営業に仕事が決まった時、父からこう言われました。

「どんなにつらいことがあっても、三年はやめちゃいけないよ。石の上にも三年といって、三年はその仕事を続けなさい。それで、どうしても自分に合わないと思ったら、やめていい。ただ、男の子は三度仕事を変わったら、ちゃんとした仕事にはつけないからね。それは覚えておくように」

おそらく父は、私があんなになりたかった警察官になれずに、意にそわない仕事をすることを心配して、こう言ったのでしょう。

でも、一人さんは違います。


「いいかい、忠夫ちゃん。

合わない仕事は一秒たりともしちゃいけないよ。

よく、『石の上にも三年』というけど、三年石の上にいても、ケツが痛くなるだけなんだよ。

イヤだなと思った仕事だったら、すぐやめな。

いやいや働いているのは、そこの社長さんにも悪いし自分にも悪いんだよ。

仕事には呼ばれるんだよ。

呼ばれていないところに長くいちゃダメだよ」

私は結果的にMオートに六年いましたが、これは営業の仕事が楽しかったから。

きっと、その時は営業の仕事に呼ばれていたのでしょう。

「楽しく仕事をするというのと、楽をするというのは違うんだよ。

楽な仕事を選んだ人は、就業中は時間がたつことだけを念じて、退社時刻の十五分ぐらい前になると、帰り支度を始めたりしている。そんなふうに過ごしていても楽しいことは訪れないよね。

会社にいる時は、笑顔で、『楽しい、楽しい』と言って仕事をする。

笑顔でいれば、上司からも、同僚からも、お客さんからも好かれて、敵はいなくなる。

『楽しい、楽しい』と言っていれば、楽しくなるものなんだよ。

それでも、『ここは自分の職場じゃない』と思ったら、変わればいい。一生懸命プロとして仕事をしていれば、仕事の指導霊が現れて、呼んでいる仕事のところに、必ず連れて行ってくれるよ」

今、私が『まるかん』の仕事をしているのも、きっと仕事の指導霊が導いてくれたのだと思います。

教習所で直属の上司から毎日いじめられていた私

私が一人さんの最初の「奇跡」に出会ったのは、六年勤めた千葉の教習所をやめ、東京の教習所に勤め始めたころでした。

そのころ私は、一つ悩みを抱えていたのです。

そこの教習所には百人近い指導員がいたのですが、私は一人の指導員から毎日のようにいじめられていました。

百人の中の一人なんだから、気にしなければいいと思う人もいるとは思いますが、その一人がなんと私の直属の上司だったのです。

前の教習所で私は、学科を教える資格をとり、自動二輪を教える資格も持っていました。それなのに、今度の教習所では、そんな資格など持っていないかのような扱いでした。

それだけではありません。

朝、「おはようございます」と挨拶しても、聞こえなかったような素振り。それならまだしも、「ふん」と言われることもあったのです。全員に「ふん」と言うなら、私も我慢出来ました。

けれど、ほかの人が「おはようございます」と挨拶すると、大きな声で

「おはよう！」と、挨拶を返すのです。こんな調子では仕事にも差し障ります。

「『感謝してます』って明日の朝、その上司に言ってごらん」

一人さんなら、何か解決方法を教えてくれるかもしれない。そう思って、相談してみました。

そうしたら、一人さんは、

「分かった。じゃあ、今から魔法の言葉を教えるから、明日、教習所に行ったら、この言葉を言ってみな。

いいかい、教えるから、覚えるんだよ」

どんな魔法の言葉なんだろう。ドキドキしました。

「『感謝してます』。

明日の朝、その上司に会ったら『感謝してます』って、言ってごらん」

は？　一人さんは私の話を聞いていないのかと思いました。

だって、そうでしょう？　私はその人にいじめられていると言っているのです。

どうしていじめている相手に向かって『感謝してます』なんて言わなければならないのか。

私は思わず「言えません、一人さん。そんな心にもないこと、絶対に言えません。親にもよく、心にないことを口にするなと叱られましたから、言えません」と言いました。

すると、一人さんは、

「どうして？　簡単だよ。心で思っていなくても、口から出せばいいんだから」

一言で起こった奇跡

思ってなくても言っていい。これも衝撃的なことでした。

ものすごく抵抗があるけど、一人さんがそう言うならやってみよう。覚悟を決めて、翌日、その上司に勇気を振るって言いました。

「おはようございます。感謝してます！」

上司も、突然「感謝してます！」と言われて驚いたんでしょうね。

思わず「おはよう」と言ってしまったんです。

私はその時、なんだか、うれしい気分になりました。

そしてうれしいことはそれだけではありませんでした。その日の午後、指導員室に呼ばれて、こう言われたんです。

「遠藤くんは確か、自動二輪を教える資格を持ってたよね。そろそろ教えてもらおうか」

「喜んで！」

「学科を教える資格もあったよね」

「ありました！」

「やってみるかい？」

「喜んで！」

びっくりしました。しかも、帰りがけ、こうも言うのです。

「遠藤くん、今晩、飲みにでも行こうか」

「喜んでお供します」

この「奇跡」を体験して、心で思っていないことでも言っていいんだ、口から出た言葉が言霊として伝わるんだ、ということが分かりました。

それからは、

「ついてる」

「うれしい・楽しい」

「しあわせ」

「ありがとう」

「ゆるします」

という言葉（天国言葉）もどんどん口から出すようにしました。

言っているうちに心がついてきました。そして、今は心からそう思って言えるようになりました。

「神様が、イヤなことをされた人がどんな気持ちでいるかを、分からせてくれたんだよ」

ところで、この話には後日談があります。

「感謝してます」の一言で、どうしてあんな奇跡が起きたのか、一人さんに聞いた時、一人さんは次のような話をしてくれたのです。

「小さな頃から忠夫ちゃんは、体も大きかったし、けんかも強かったし、正義感も強かったから、人助けもたくさんしたけど、弱いものをいじめちゃったこともあるよね。

強い人間は、やられた人の気持ちが分からないんだよ。だから、神様が意地悪な上司を忠夫ちゃんの前に出して、イヤなことをされた人がどんな気持ちでいたかを分からせてくれたんだよ。『まったくイヤな上司だな～』と思うけれど、その上司のことを、『この人は観音様なんだ。この人が自分にイヤなことをされた人の気持ちを分からせてくれたんだ。あ～、ありがたい。この人が観音様の化身なんだ』と思ったら、『ありがとうございます』『感謝してます』と自然と口に出るよね」

この話を聞いたのは、つい最近のこと。

「感謝してます」という言葉には、こんなに深い意味が隠されていたのです。

そのことが分かった今、ますますこの出来事が忘れられないものになりました。

人間、生きていれば、間違って人を傷つけてしまうこともありますよね。自分では全然そんなつもりじゃなくても、相手にとっては言われたくないことを言ってしまったり……。

もし、自分の前に「イヤだな、苦手だな」と思う人がいたら、それは必ず自分にとって何かしら意味があることなんです。

だから、そういう人にこそ感謝しなくてはいけない。

「イヤだな」「苦手だな」と思う人がいたら、言ってみてください。私のように小さな勇気を振るって、「感謝してます」と。

きっとあなたにも奇跡が起こります。

第3章

『まるかん』が成功するわけ

自分がやりたいと思うことが、どんどん出来る

一人さんの魔法の言葉のおかげで楽しく教習所の仕事をしていた私が、なぜ『まるかん』の仕事を始めたかというと、やっぱり仲間たちと一緒にいたかったからです。

私が『まるかん』の仕事を始めたのは、平成五年からですが、その頃になると、はなゑ社長も千葉社長も宇野社長も『まるかん』の仕事を始めていて、みんな生き生きと楽しそうでした。

「私も幸せになりたい」

一人さんにそう言うと、

「じゃあ、新潟のみっちゃん先生のところを手伝ってくれないか」と言わ

れ、平成五年の十一月、十二月とみっちゃん先生のところで仕事を教えてもらいました（一人さんはやさしい人ですから、本当は「勉強してきな」と言いたかったんですが、へんにプライドの高かった私を気遣って、こう言ってくれたのです）。

そして、平成六年一月から三年弱、宇野社長のところにお世話になり、平成八年十月一日に、福井県で初めて一人で『まるかん』の仕事を始めました。

『まるかん』の仕事を始めて驚いたのは、自分がやりたいと思うことが、どんどん出来ることです。

仕事をしていると、これはこうした方が効率がいいとか、これは無駄だなと思うことがたくさんあります。

でも、普通の会社では、それを提案する場所もあまりないし、提案してもボツになったり、実行に移すまでに時間がかかったりします。

けれど、『まるかん』では、考えたことが即実行出来るんです。

もちろん、実行する前には、一人さんに「今度こうしたいと思うんですけど」と相談します。

そうすると、一人さんは必ず、「忠夫ちゃん、それはすごくいい意見だよ。やってごらん。やってみて結果を報告してね」

と言うんです。

「それはダメだ」とか、「そこはこうした方がいい」と言われたことは一度もありません。

「やってみて、成功したやり方があれば、みんなでそれを真似すればいい」

初めは驚きました。「え、いいの⁉」という感じ。

だって、そうでしょう。私は『まるかん』の社長たちの中でいちばん遅く『まるかん』の仕事を始めた、いわば新参者。

ふつうの会社なら、入社したばかりの人間が、「こうしたい」「ああしたい」と言っても、「うちにはうちのやり方があるんだ」などと言われるのが関の山です。

でも、一人さんは違いました。

「人はそれぞれ違って当たり前。はなゑちゃんには、はなゑちゃんのやり方があるし、ジュンちゃんにはジュンちゃんのやり方がある。

どのやり方がいいかは、やってみなくちゃ分からないよね。

やってみて、成功したやり方があれば、みんなでそれを真似すればいい。

商売がすごくラクなのは、真似ができるからなんだよ」

みんなが協力し合って商売する「渡り鳥経営」

『まるかん』は、「渡り鳥経営」です。

渡り鳥って、海を越えて、遠い故郷に帰るとき、V字になって飛んで行きますよね。

あれは前の鳥が羽ばたくと、後ろに上昇気流が起きて、後ろを飛んでいる鳥たちは、その上昇気流に乗って飛べばいいから、とてもラクなんです。

先頭が疲れると、すっと後ろに行く。

そうすると、後ろから元気な鳥が出てきて、先導していくんです。

渡り鳥は、みんなが協力し合って飛んでいく。

『まるかん』は、みんなが協力し合って商売する。
だから、「渡り鳥経営」なんです。
ここで大事なのは、渡り鳥は、どこにいても、自分の羽で飛んでいるということ。
疲れたからといって、おんぶされている鳥も、引っ張ってもらっている鳥もいません。
みんながそれぞれ自分の力で一生懸命やるから「渡り鳥経営」が出来るんです。

この「渡り鳥経営」で起こった奇跡を一つ、ご紹介しましょう。青森県の工業高校のN先生が教えてくれた話です。
N先生は一人さんの「渡り鳥経営」の話に感動し、「この時間のテストはみんなで協力し合い、答えが分からない人には教えてもいいですよ。みんなで百点を取りましょう」と言ったそうです。

その結果、生徒たちに仲間意識が生まれ、すべてのことを協力し合うようになったそうです。

しかも、不況の中で、N先生のクラスの三年生はほとんど、就職、進学が決まったそうです。

奇跡はそれだけではありません。その後、N先生は別の高校の校長になったのです。

お金を出す前に知恵を出す

一人さんは、私たちがやろうとしたことに反対しないと書きましたが、原則は「３出せ主義」です。

「３出せ主義」というのは、

「お金を出さずに知恵を出す。

知恵がないものは汗を出す。

汗も出さないやつは追い出す」

というもの。

素晴らしいでしょう。

よく一人さんはこう言います。

「商売のやり方はいろいろあるけど、大切なことは、お金をかけないこと。お金をかけると、失敗した時のことが心配になるけど、お金を出さなければやってみればいいだけ。

知恵も、挨拶も、笑顔も、言葉もお金がかからないよね。

思いついたら、すぐ出来る。

よく、『お金がないから商売に失敗した』と言うけれど、それは間違い。

事業が失敗したのは、お金がないからではなく、知恵がないからなんだよね。

知恵がないからお金がない、お金がないから失敗する。この順番です。

だから、商売人は知恵を出して、商売を繁盛させせなければいけないんだよ」

一人さんは「やりたい」と思ったことは、何でもやらせてくれます。

そして、思ったような成果が上がらず、結果を報告すると、「だとしたら、そのやり方は違うよね」と、そこでアドバイスしてくれるのです。

ちょっと天狗になって大失敗

一人さんがよく言うことに、もう一つ、「スピードが命」ということがあります。

よく机の前でいろいろ考えている人がいるけど、考えているだけでは何も変わりませんよね。反対に、アイデアをどんどん実行に移していけば、成功するのも早いし、失敗したときでも早く修正できる。

つまり、早く成功するということです。

「3出せ主義」と**「スピードが命」**、これが『まるかん』のモットーです。

なんて偉そうに言っていますが、福井県で『まるかん』を始めたばかりの時、大失敗をしたことがあります。

一人さんから、「売り上げが一千万円を超えるまで人を雇ってはいけない、それまでは全部忠夫ちゃん一人でやるように」と言われていました。

当時、『まるかん』は通信販売でした。

チラシをまく、注文が入る、電話を受けるのも、発送するのも私一人です。

平均睡眠時間四時間という日が二カ月続き、うれしい話ですが、当時十四キロやせました。

顔晴《がんば》った（『まるかん』では頑張るを顔が晴れると言います）甲斐があって、半年で売り上げがグンと伸びました。

人間、やれば出来るものだと、ちょっと天狗《てんぐ》になっていたんでしょうね。

その時は「まさか」という坂が目の前にあることに気がつきませんでした。

急成長した私の会社を見て、雑誌の編集者やテレビ局の人がやってきたのです。

そして、言ったのです。

「CMを作りませんか。イメージアップになって、もっと売れますよ」

CMを作る……。モデルを雇って、スタジオを借り切って。……なんだか華やかな世界が待っていそうです。

好奇心がムクムク頭をもたげました。

早くみんなに追いつきたいという気持ちもありました。手柄をたてて、一人さんに褒めてもらいたい、仲間に認めてもらいたい、という気持ちもありました。

一人さんに相談せず決めました。

CMを製作するには五百万円もかかるというのに、「3出せ主義」のことなんか、きれいに忘れていました。いや、頭の片隅にはありました。

けれど、CMで大当たりすれば五百万円くらいすぐ取り返せる。その何倍も儲けられるんだと思ったのです。完全に舞い上がっていました。

ＣＭが出来て初めて、一人さんに、「実はこういうものを作りました」と見せました。

すると、一人さんは一言、「忠夫ちゃん、これは当たらないよ」。

結果は一人さんが言ったとおり、悲惨なものでした。

あとで冷静になって見てみると、そのＣＭは、ただきれいなモデルさんがクリームを付けているだけの、インパクトも何もない映像。

今の私だったら、こんなＣＭは絶対作らないだろうと思うものです。

製作にかかった費用の五百万円は当時の私の運転資金の半分にあたる金額でした。その大切なお金をドブに捨ててしまった。

お金は商人にとって、血と同じです。

五百万円という大金をＣＭに使って、私は失血死寸前でした。そのお金がないために、それからの数カ月、本当に苦しい時期が続きました。

スピードが命。でも頭は冷静に穏やかに

お金を出さずに知恵を出す。「3出せ主義」がどれほど大事なことか身にしみて分かった事件でした。

「商売は、スピードが命なんだよ。だけど、ただスピードが速いだけじゃダメだよ。

行動はスピードをあげて、どんどんやるんだけど、頭の中はつねに落ち着いていなくちゃいけない。

冷静でなくちゃいけない。

禅をしているような頭じゃなきゃいけない。

なぜかというと、スピードが速いだけでは事故を起こすよね。スピードを速くして、頭が穏やかでいて、何をしなければいけないか、正しく判断することを考えていなきゃ商売は出来ないんだよ。

レーサーはものすごいスピードで車を走らせている。

じゃあ、心はどうかというと、スピードと同じようにドキドキしていたら、事故になっちゃうんだよ。

レーサーは、車を速く走らせながら、心は常に冷静で、前の人をどうやって抜こうか、どこで抜こうか、燃料はどのくらい持つか、いろいろなことを考えているんだよ。

『まるかん』も、新しい商品をどんどん出すだけではなくて、どうやったら人に喜ばれるか、どうしたら特約さんが豊かになれるか、どうしたら我々が

豊かになれるか、常に考えながら行動しなくちゃいけないよ。
それが出来て初めて素晴らしい商品になるんだから」

「失敗したのは仕方がない。
次は、ほかのやり方でやればいいんだよ」

一人さんに断りもなく、勝手にＣＭを作って、大失敗した私に向かって、一人さんが言ったのは、ただ一言、「いい勉強をしたね」でした。

どんなに怒られても仕方がない。「福井を任せるのは早かったようだね」と言われることさえ覚悟していました。

ところが、それっきり一人さんは何も言いません。

そう言えば、私は一人さんが怒っている姿を見たことがありません。

どんな時でも穏やかな口調で話します。

ある時、一人さんに、なぜ失敗しても怒らないのか聞いてみました。そうしたら、一人さんは次のように答えてくれました。

「みんな精一杯がんばってるよね。

でも、人間は完璧じゃないから、失敗することもある。

その時叱ったら、ますます落ち込んで、その次からは、始める前に失敗したらどうしようということばかり考えることになる。

楽しい旅の途中で、犬のウンコを見ることもあるよね。

その後、犬のウンコのことばかり考えていたら、旅は楽しくなくなるよね。

どんな色をしていて、どんな形で、どんな臭いだったかとか、犬のウンコのことをいくら話しても、聞いている人も楽しくない。

イヤなことにばかり焦点をあてていたら、その人の人生はつまらないよね。

そうじゃなくて、楽しいことを考える。

失敗したのは仕方がない。

次は、ほかのやり方でやればいいいんだよ」

「反省なんかしなくていい。反省している暇があったら、
間違ったところをすぐ直してください」

よく子供を、「少しは反省してるのか！」と、怒る親がいますよね。

一人さんは、そういう親は、失敗しないようにビクビクする子供を作ってしまうと言います。

テストで親が期待するような点数でなくても、

「よくやった」「次はもっとうまくいくよ」など、天国言葉で褒めてあげると、子供はどんどん伸びていくと言うのです。

一人さんは私にとって親のようなもの。おかげで、失敗を恐れず、そのあとからもいろいろなことが出来たように思います。

「『あなたはこういうところを直したほうがいいよ』と言われると、ズンと落ち込む人がいるよね。あれは間違い。

だって、直すべきところを直せばいいだけのことなんだから。『2＋2＝3』と書いちゃった時、『それは4だよ』と教えてもらったら、すぐ『4』と書く。

『なんで3って書いちゃったんだろう』とか、グズグズ考え込む必要はないの。

直して、すぐ次に行けばいいの。

そして、『4』と教えてくれた人に、もっと教えてもらう。

教わっているうちに、だんだん要領が分かって、ものごとの考え方も学ぶことができる。

だから、反省なんかしなくていいんだよ。

反省している暇があったら、間違ったところをすぐ直してください」

「勝った時は勝った方法をみんなに教える。

負けた人は学ぶ機会を与えてもらう」

『まるかん』では、さまざまなゲーム（競争ゲーム。負ける人がいない、最終的に全員が勝つ）をして、社長同士「競争」しています。

楽しく仕事をするためのゲームですから、負けても罰則なんてありません。勝っても、パチパチパチパチ……拍手をもらうだけ。

しかも、『まるかん』は「渡り鳥経営」ですから、勝った社長からは、成功したやり方を教えてもらえます。

でもね、負けるというのはイヤなものです。とくに私は負けず嫌いですから。

そんな私に、一人さんはこう言いました。

「世の中、勝つ時もあれば負ける時もあるよね。

ギャンブルしても勝ち負けはあるし、仕事をしていてもあるし、恋愛にだ

って、勝利者と敗者がいるよね。どんな時でも勝つとうれしいよね。

でも、勝負は、勝つことよりも大事なことがあるんだよ。

それは、勝ち方、負け方なの。

勝った時、負けた人に対して、『私が偉いんだ』という態度をとると嫌われるよね。

敵を作る。だから、そんな態度をとってはいけないの。

勝った時は、

『私が勝てたのは、みんなが応援してくれたからです。本当にありがとうございました』

と言って、勝った方法をみんなに教える。

だって、その方法で五百万円売り上げたとしたら、その人が今度必要なのは、六百万円、七百万円を売り上げる方法で、五百万円を売り上げる方法はもう必要ないんだよ。

必要ないものを、いつまでも抱え込んでいると、その重みで貧乏の底に沈んでしまうんだよ。

今より上のレベルに行こうと思ったら、今、知っていることを周りの人に教えること。

世の中、成功者と言われている人は、みんなこのことを知っていたからなんだよ。

逆に負けたからといって卑屈になる必要は全然ないんだよ。

負けた人は、勝者から学ぶことができる。

勝者は自分で新たな方法を作り出さないと、次は負けてしまうけど、負けた人は学ぶ機会を与えてもらった。

その学びが大きい分、上に行けるということだから、負けることを恐れず、どんどん進めばいいんだよ」

「勝っても負けても、ついてる」

子供の頃からスポーツ万能で、中学の時は、バスケット、陸上、サッカー、野球、水泳、相撲など、あらゆるスポーツクラブの試合に駆り出され、「勝たなくては意味がない」と思っていた私に、一人さんのこの話は衝撃的でした。

考えてみると、勝つことにこだわっていた時は、「次は負けるもんか」とがむしゃらに練習するけれど、勝った人から学ぶということはしていなかったように思います。

もったいないですよね。

不思議なことに「勝っても負けても、ついてる」と思うようになってから

は、『まるかん』のゲームで、上位に入れるようになったんです。

そして、いつの間にか福井県の長者番付に載るなどという、びっくりする

「奇跡」も起こるようになったのです。

第4章

「正しい」ことより、「楽しい」ことを

顔晴りすぎて顔面神経麻痺になった私

自分で言うのもナンですが、私は顔晴《がんば》り屋です。

教習所の指導官をしていたころ、学科を教える資格を持っていたと書きましたが、学科の指導員資格をとるのは大変なんです。

教習所の指導官の中でも、優秀な人だけが、「資格を取りに行くように」と言ってもらえるのです。

といっても、私が受けることになったのは、優秀だったからではなく、その時、同僚の優秀な人が受けに行くことになったので、一緒に受けに行かせてもらえることになったんですけど。

「どうせ落ちるだろうけど、一度受ければ気がすむだろう」と、まあ、おまけのような感じだったのです。

そうは言っても負けず嫌いの私のこと、みんなが期待していないと分かっているからこそ、「絶対受かってやろう」と思い、道路交通法の猛勉強を始めました。

そのころ私は東京の平井という町に住んでいて、教習所は千葉の鎌ヶ谷。車で片道一時間半くらいかかります。

家に帰っていては勉強する時間がなくなるので、仕事が終わると、近くの二十四時間営業のファミリーレストランに行って、そこで勉強をしました。夕食もそこで食べ、翌日そのまま教習所に行くこともありました。

仕事が終わったら、またファミレスへ……。

そんな生活を一カ月半ほど続け、猛勉強に明け暮れた結果、見事合格したのです。

受かったとたん、ホッとして、顔面神経麻痺になってしまいました。ある朝起きて、水を飲もうとすると、ダーッと口からこぼれる。顔の左半分の筋肉が麻痺して動かなくなってしまったのです。目も開きっぱなし。口も開きっぱなし。

医者の話では神経を使いすぎると起こる症状だそうです。一生治らないままの人もいるそうです。

ついてることに私は治りましたが、いざとなったら、そこまで顔晴ってしまいます。

イライラの毎日だった、人を雇い始めた時

福井で『まるかん』を始めた当初、睡眠時間二時間で顔晴りました。

自分も頑晴るから、人も当然同じぐらいやるだろうと思ってしまうんですね。

いざとなったら、それぐらいやるのは当たり前だ、やらないほうが間違っていると。

しかも、正義感が強い。間違っていることは大嫌い。

駐車違反の車を見つけると、それだけでイライラすることもあります。

さらに、これは体育会系の人間に多いそうですけど、白黒はっきりしなければイヤなタイプ。ものごとをつねに「正しいか、正しくないか」で判断し、「どっちでもいい」なんて聞くと、これまたイライラするわけです。

つまり、一度言われたことはきちんとやるのが正しい、電話がかかってきたら、ハキハキ大きな声で対応するのが正しい、忙しかったら言われなくても残業して、仕事を片付けるのが正しい……などなど、一事が万事、自分の中に「正しい」と思う基準があって、それ以外はすべて間違っていると思ってしまうわけです。
だから、人を雇い始めた時は、かなりイライラしていたと思います。

「すべてに白黒はっきりさせようというのは無理がある。グレーゾーンが広いほうが楽しく生きられるんだよ」

そんな時に、一人さんに言われました。

「忠夫ちゃん、世の中のことは全部白か黒に分けられると思っているかも知れないけど、グレーゾーンというのもあって、グレーゾーンが広いほうが楽しく生きられるんだよ。

もちろん、法律とかのグレーゾーンは良くないけどね。

昔、白黒テレビがあったけど、白黒と言いながら、グレーがいちばん多いんだよ。

白黒だけだったら、絵にならないからね。

世の中も同じだよ。白黒はっきりつけなくちゃいけないことなんか、ほんの少しなんだよ。それなのにすべてのことに白黒はっきりさせようというのは無理がある。

グレーゾーンが狭い人は、心の幅が狭いから、商売もうまくいかない。

それに正しく生きたから楽しいのかというと、正しく生きている人ほど辛いんだよ。

だから、忠夫ちゃん、これからは『まあ、いいか』を口ぐせにしてごらん。

そのとき力を入れて言っちゃダメだよ。

力を抜いて、ダラッとした感じで、『まあ、いいか』。
そう言っていると、だんだんグレーのゾーンが広がっていくよ」

確かにグレーゾーンが狭い、白黒はっきりつけたがる性格だと、人とぶつかることが多くなります。

自分の基準でものを言っているんだから、当然ですよね。

私が仕事がいちばん優先されることだと思っていても、家庭がいちばんで、残業するより家族と夕食を食べたいという人もいる。

どっちが正しいかなんて決められません。

「まあ、いいか」を口ぐせにしてください。肩の荷が下りたように人生、ラクになりますよ

教習所に勤めていた時は、人とぶつかってばかりだったと思います。指導員の教え方は人によって違います。私は、若い人とお年寄りには教え方を変えていました。

たとえば車庫入れするとき、若い人には、「ここでハンドルを切ったら、車はこう動くから、あとは車の動きを見ながらやってね」と言っていました。だけど、お年寄りに「車の動きを見ながら」なんて言っても分かりません。だから、「横の縁石がこの位置に来たらハンドルを全部右に切ってね。車がまっ直ぐになったら、ハンドルを二回戻せばタイヤもまっ直ぐになるか

ら」とか、教えるわけです。

でも、別の指導員は、「ハンドルを二回切ってタイヤがまっ直ぐになる車もあれば、三回切らないと、まっ直ぐにならない車もある。卒業してから、どの車も二回切ればいいと思ったら、どうするんだ」と言うわけです。

でも、私は教習所では運転に慣れてもらうことが大事で、教習所は基礎を教えるところ。あとは実践で覚えてもらえばいいと思ってる。

どちらも譲りません。どっちの言い分も間違ってないんです。

そう考えると、世の中の八割は白黒つけなくてもいいようなことです。

それを無理に白黒つけようとするから、戦争だって起こる。

○○教と、××教、お互いに信じている宗教が正しいと思うから戦争になる。

そうではなくて、

「やあ、あなたのとこの宗教もいいですね。

うちもいい宗教なんだよ。

お互い、いい宗教で良かったねえ」と、お互いを認め合えば、戦争なんか起こりません。


一人さんに言われてから、「まあ、いいか」を口ぐせにするようになりました。


そうすると、相手のことを認められるようになるんですね。

白黒つけたがる人は、すべてがそうとは言いませんが、私を含めて体育会系の人や男性に多いそうです。

そんな人はぜひ「まあ、いいか」を口ぐせにしてください。

肩の荷が下りたように人生、ラクになりますよ。

「人間がすることは、すべて七十八点が最高なの」

「正しくありたい」というのは、もしかしたら私の劣等感の裏返しだったのかも知れません。

貧乏ということで、後ろ指をさされないよう、つねに完璧を目指していたように思います。

そんな私に一人さんは、こうも言いました。

「この世の出来事は、すべて改善されながら進んでいくんだよ。いつも何かが欠けている、どこかが上手くいかないから、改善しようとするし、改善出来る。

人間がすることは、すべて七十八点が最高なの。

それなのに、百点をとろうとするから、無理がある。

だからといって、手を抜いて適当にやればいいということじゃないんだよ。

完璧にやろうとしなければ、七十八点もとれないからね。

『完璧でない自分が、完璧を目指したら、当然のごとく失敗した。また次に完璧を目指そう』

こう思うと、失敗することが楽しくなる。

だって、次に改善するところが分かるからね。

少しずつ改善していけば、必ずいい方向に進むよ」

「一度言っただけでは人は絶対できないよ。十通りの言い方をして、実際にやってみせないと」

世の中の八割は白黒つけなくていいこと。

「まあ、いいか」で済ませることが出来る事柄です。

けれど、お客様に対して、ぞんざいな口のきき方をしたり、注文した品物をしっかり梱包する、などということは、「まあ、いいか」で済ますことは出来ません。

『まるかん』の売り上げも安定して一千万円を超えるようになった頃、私も社員を雇えるようになりました。

ところが、私が思うようになかなか出来ないのです。

「こうするんだよ」と、何度も、何度も言いました。でも、出来ないことがあるのです。

ほとほと困っていた時、一人さんにこう言われたのです。


「一度言っただけでは人は絶対出来ないよ。

二度言っても出来ない、三度言っても出来ないと、忠夫ちゃんは言うよね。だけど、二回目も三回目も、一度目と同じ言い方を忠夫ちゃんはしてないかい？

それで出来ないなら、その人には、その言い方では伝わらないんだよ。

だから、二回目にはこういう言い方をしよう、それでも分からなかったらこう言い方を変えようという具合に、ほかの言い方をしなくちゃいけないよ。

十通りの言い方をして、実際にやってみせて、それでも出来ないなら、そ

の人は出来ないのかも知れない。

角度を変えて、言い方を変えて伝えるのが経営者の仕事なんだよ。

それをしないで、出来ないのは、その人じゃなくて、忠夫ちゃんのせいだからね。

『あ』の話というのがあってね。ひらがなの『あ』だって最初に誰かに教えてもらわなかったら書けないんだよ。

成功者と言われている商人は、みんな書けるわけがないと思って仕事を教えているの。

マクドナルドが成功したのも、人がみんな同じように出来るわけがないと思い、どんな人にでも仕事が出来るように、トーク・笑顔・おじぎなどのマニュアルを作ったからなんだよ」

人が出来ないのは、伝え方が悪いから。

悪いのは従業員ではなくて、伝わらない言い方をしている私……。これも衝撃的でした。

確かに、何度も何度も言っていましたが、その都度言い方を変えるなんて考えなかった。

「きちんと聞いていないんだから」と、腹を立てていたぐらいです。

そしてこれも不思議なことに、伝え方を変えることを学んだ私には、それ以来腹を立てることがなくなりました。

というよりは、私の前にそういう人は現れなくなりました。

「私の話が分からなかったら、それは私の伝え方が悪かったせい」

一人さんの本を読んだ人なら分かると思いますが、一人さんの本に書いてあることって、すごく分かりやすいですよね。

面白くて、スッスッと書いてあることが理解できる。だから心に響くんです。

本を書くとき、こんなことに気をつけていると、一人さんは言っています。

「難しい話をより難しく話し、より難しく書く人は、自分を偉く見せたい人なんだよね。

理解できないのは、相手の頭が悪いからではないんだよ。

話を聞いた人、話を読んだ人が分からなければ意味はないよね。

だから、私は小学校三年生の人が聞いたり、読んだりしても分かるような内容にしてあるんだよ。

私の話が分からなかったら、それは私の伝え方が悪かったせいで、読んだ人のせいじゃない。

それが私の基準なんだ」


「やってみて、言って聞かせて、やらせてみせて、褒めてやらねば、人は動かず」


これは山本五十六の言葉です。

偉い人は、やっぱり分かっているんですね。

時間を守るというのは神との約束

一人さんと出会う前の私は、たぶん「こうするのが正しい病」にかかっていたのだと思います。

規則で決まっていることを守らないなんて信じられない、借金なんてとんでもない、約束を破るなんてもってのほか、という感じです。

たとえば、車を運転していて缶コーヒーが飲みたくなったとします。

でも、自動販売機の近くに車を止めるスペースはあるけど、そこは駐車禁止。車を止められるのは、自動販売機から五分ほど歩かなくちゃならないという時、どうします？

ほんの一分ぐらいだからと、駐車禁止スペースに止めてしまう人も多いかも知れない。

私はダメなんです。

どんなに遠くても駐車していいところにしか止めない。

人と約束したら、遅刻するなんて考えられない。

私は一時間前には約束の場所に着いているようにしてます。もちろん、約束の場所に一時間立っているということじゃないですよ。

近くの喫茶店かどこかに入って、約束の時間になるのを待つんです。

十五分前でも充分じゃないかって？ でも、もし電車が遅れたら遅刻しちゃうかも知れませんよね。事故が起きちゃったりしたら、三十分余裕をみても間に合わないかも知れない。

海外に行く時は、三時間前には空港に着いているようにしてます。これは営業マンをやっていたせいもあるかも知れません。

営業マンは約束の時間に一分でも遅れてしまったら、その取引はパア。それまでどんなに頑晴っていても、その一分ですべてがダメになるんです。

でも、「約束の時間を守るのは良いことだ」と一人さんに言われました。

一人さんはこう言うんです。

「時間を守るというのは神との約束なんだ。

たとえば何かの事情で一分遅れたとするよね。

その過ぎ去った一分は、もう絶対取り戻すことが出来ないんだよ。

時間を巻き戻すことは絶対出来ない。取り返しがつかないことなんだ。

だから、約束は絶対守らなくちゃいけないよ」

そうですよね。

一人さんも同じ考えだ。そう思って安心しました。

でも、同じなのは、そこまで。それからが違うんです。

「でも、人がとやかく言うことではないんだよ。遅刻した人の分を黙ってカバーしてあげればいいんだよ」

私は自分がそうだから、相手に遅刻されるのも、ものすごくイヤなんです。だから責めます。

口に出さなくても、「なんてだらしのないやつなんだ」と、心の中で思います。朝早い約束だったとしても、「私が早起き出来たのだから、あなただって出来るはず」と思います。

でも、一人さんは違うんです。

「忠夫ちゃんは出来るかも知れないけど、その人は出来ないんだよ。
人はみんな違うんだよ。
その人は早起き出来ないかも知れないけど、忠夫ちゃんに出来ないことが出来るんだ。
ましてや、その人は遅刻したことで困ってないんだろう。
だったら、人がとやかく言うことはないんだよ。
黙って、遅刻した人の分をカバーしてあげればいいんだよ」

確かに私が遅刻しないようになったのは、営業をやっていて、遅刻をしたら困るからでした。
遅刻した人を責めるのは、自分の価値観を押しつけていただけなんです。

でも、「時間を守るのは神との約束」。万一遅れそうになったら、あの手この手をいろいろ考え、できるだけ遅刻しないように顔晴ります。そうすべきだと思っていました。

でも、一人さんは、そんなこともしなくていいと言うんです。

「『神様の時間調整』の時は
無理に時間どおりに行こうとしちゃいけないよ」

「いつも約束の時間にきちんと行っているような人でも、遅れそうになることがあるよね。

そういう時は、遅れていいの。

なぜかというと、それは神様の時間調整だから。

「無理に時間どおりに行こうとしちゃ、いけないよ」

神様の時間調整……。そう言われても、よく分かりませんでした。でも、ある時、「これが神様の時間調整ということなんだ！」という「奇跡」が起こったのです。

その日、一人さんと私たち十人の社長は、講演会場に向かって高速道路を走っていました。

途中、サービスエリアに寄った時、みっちゃん先生がお腹を空かせた猫を見つけて餌をあげていたので、予定していた時間より出発が遅れてしまったのです。

その時運転していた私は当然、遅れを取り戻そうとひそかに思っていました。

その時、一人さんが言ったのです。

「忠夫ちゃん、これは神様の時間調整だから、急いじゃいけないよ。遅れた分を取り戻そうとスピードをあげると、思わぬ事故に巻き込まれたりすることがあるんだよ」

私の心の内を知ってか、一人さんがそう言うのですから、急ぐわけにはいきません。

車をゆっくりと走らせていたら、先のトンネルの前で急に渋滞し始めたのです。

「今までスムーズだったのに、どうしたんだろう」

と思っていると、なんとトンネルからモクモクと煙が出てくるではありませんか。
そのうちパトカーや救急車もやってきます。
どうやらトンネルの中で衝突事故があって火災が発生したらしいのです。

鳥肌がたちました。一人さんの言ったとおりのことが今現実に起こったのですから。

だから、みなさんも思いがけないことで遅刻しそうになった時は、決して急がず冷静に行動してくださいね。

あ、でもこれは遅刻していいということじゃないですからね。
時間は神との約束。
できるだけ遅れないでね。

第5章

カッコよく生きる

「私の手相はこれで充分です。見てくれてありがとう」

一人さんと知り合って二十年。

これまでに一人さんから、いろいろなことを教わってきました。

一人さんと知り合う前の私は、劣等感だらけで、何事も「正しい」か「正しくないか」で判断し、どうでもいいことにも白黒をはっきりさせなければ気がすまない性分でした。

まったくあのまま一人さんと出会わずに生きてきたら、どんな人間になっていたことでしょう。冷や汗が出ます。

一人さんにいろいろなことを教えてもらったお陰で、私は生きることがとてもラクになり、毎日楽しく、幸せに暮らせるようになりました。

一人さんは私の師であり、憧れの人です。とにかくカッコいい。

一人さんのカッコ良さを伝えるエピソードに手相の話があります。

ある時、一人さんが街を歩いていたら、手相見の人に、「ちょっと手相を見せてください」と言われたそうです。

手相見の人は、しばらく一人さんの手相を見てから、こう言いました。

「あなたは、お金儲けが出来ませんね」

こう言われたら、ふつう、「何、いい加減なことを言ってるんだ」と怒るか、「お金儲けが出来るようになるには、どうしたらいいんですか」と聞きますよね。

でも、一人さんは違いました。

なんて言ったと思います？

「私はこの手相で充分です。見てくれて、ありがとう」

すごいですよね。

「手相なんて、ただのシワだから、そんなものに惑わされちゃいけない」というこ
ともあるけど、一人さんの「充分です」には、もっと深い意味があるんです。

豊かな波動を出していれば、豊かな波動同士が共鳴し合って、もっと豊かになる

「だって、人間として生まれた、それだけでもラッキーだよね。

しかも、住む家もあるし、食べるものもある。

世界には食べるものがなくて困っている人がたくさんいるのに、そういう人に比べたら、日本に生まれただけでも幸せ。

それなのに、『あれが欲しい、これが足りない』なんて文句を言うのは、心が貧しいからなんだ。

天国言葉をたくさん言って、豊かな波動を出していれば、自然に豊かな波動を出している人を引き寄せるんだよ。それを『牽引《けんいん》の法則』というんだけどね。

そして、豊かな波動同士が共鳴し合って、もっと豊かになる。

手相見の人は、『困ったことが起こりますよ』と言うけど、『困ったこと』なんて起こらないんだよ。

だから、手相がどんなシワを作っていても関係ないんだよ。今の手相で充分なの」

つねに何かを欲しがっていた以前の私に比べると、今は欲しいものがほとんどないといっていいくらい。

心が満ち足りていると、物って欲しくならないんだなあと思います。

でも、手相見に、良くないことを言われた時、当時の私でしたら「私の手相はこれで充分」と言えるかどうか……。

自信をもってそう言える一人さんって、カッコいいなと思います。

上にも下にも、横にも、同じ言葉を言えばいい

一人さんがカッコいいのは、だれに対しても同じように接するところです。

自分より目下の人も、決して呼び捨てにしたりしません。

必ず「○○ちゃん」と呼びます。

どこかのパーキングエリアに入って、お掃除のおねえさんがいれば、「い

つもきれいにしてくれて、ありがとうね」と言うし、食事をして出て行く時は必ず、「おいしかったよ。ありがとう」と言います。

『まるかん』の仕事をする前、上司にはやたらとお世辞を言うのに、自分の部下には威張り散らしていた人がいて、そういう人の言葉は、聞いているだけで不愉快になったけれど、一人さんはまったくそういうことがありません。

でも、ある時ふと、疑問が浮かんだのです。

相手を気持ちよく、幸せにする言葉が天国言葉だとしたら、お世辞だって天国言葉なんじゃないか？

私はお世辞を言うのが大嫌いで、それでずいぶん損をしてきたけれど、もっとお世辞を言ったほうがよかったのかな？　と。

そうしたら、一人さんにこう言われました。

「褒め言葉を言うのはかまわないよ。だけど、どうして上の人だけに言うの？

『部長、いいネクタイしてますね』と言うのは、ネクタイがいいと思うから、そう言ったんだよね。

だったら、同僚や目下の人、出入りの業者さんがいいネクタイをしていた時も、『いいネクタイしてるね』と言えばいい。

相手によって変えるから、お世辞だと思われちゃうんだよ。

だから、『イヤな感じだなあ』となる。

上の人にも下の人にも、横の人にも同じように言ってたら、お世辞だとは思われないよね。

『あの人はやさしいね』『平らな人だね』と思われる。

それがその人のキャラになるんだよ。

ダイヤモンドはだれが見ても輝いているよね。

ダイヤモンドを見て、『欲しい』と思う人もいれば、『そんなの、いらない』と思う人も、『見栄のかたまりだ』と思う人もいる。

だけど、人がどう思おうと関係なく、ダイヤモンドは勝手に輝いているよね。

人も同じだよ。

相手がどう思おうと、『きれいだね』『楽しいね』『幸せだね』と、天国言葉を言っていればいいの。

天国言葉を口ぐせのように言っていると、あふれてくる。そうすると、相手に伝わって、回りの人みんなが天国言葉を使うようになる。

そうやっていくうちに豊かな波動がどんどん広がっていくんだよ」

昔の私は、同僚が上司にむかってお世辞を言うのを聞いていて、「自分は絶対言わないぞ」と思っていました。お世辞を言うのは「正しくない」と思っていましたから。

でも、違ったんです。

上司が素敵なネクタイをしている時は、褒めれば良かったんです。

上司がどんなに素敵なネクタイをしていても、「絶対褒めない」と思っていると、誰に対しても「褒める」ということをしなくなっていくんですね。

天国言葉が自分の中からどんどん減っていってしまう。というか、人がどんな服装をしていようが、全然見ていない。気にしない。

今は私も変わりましたよ。

スタッフが、買ったばかりの服を着てきたら、すぐ褒める。

小さなことでも気づくようになるんです。

「私が髪型を変えようが、口紅の色を変えようが、全然ダンナは気がつかない」と嘆く奥様たちが多いと聞きますが、そんなことでは、自分の中から天国言葉がどんどん減っていくだけ。

お互いにどんどん褒め合いましょうね。

ルールは「褒めること」＝ピクチャー・ポエム道

褒めるといえば、前に『まるかん』で流行ったことに、「ピクチャー・ポエム道」というのがあります。

私たち十人の社長と一人さんが講演のために全国を回っていた時、やり始めたことです。みんなが一台ずつデジカメを持ち、旅先で見た景色やものを撮影して、その写真をプリントアウトして、画用紙ぐらいの紙に貼り、その写真にちょっとした文章をつけるんです。

夜、それぞれの「作品」を持ち寄って、みんなで褒め合うんです。

いいですか、批評し合うんじゃなくて、褒め合う。

これが「ピクチャー・ポエム道」の「道」たるところです。

このゲームの発案者は一人さんですが、最初に一人さんにこう言われました。


「写真を撮って、思ったことを書く。その人が思ったことなんだから、それぞれみんな完璧なの。

だから、『ここはこうしたほうがいい』なんて言う必要はないんだよ。

これは、写真と文を見て、褒め合うゲームだからね」

始めはひどいものでした。なんといっても、そんなことするのは初めてでしたから。

お地蔵さんの写真を撮って、「道端でお地蔵さんが震えてる」とか。どこのお地蔵さんだか、なぜ震えてると思ったのか全然分からない（その時は、ただ冬だったたから、そう書いただけなんですけど）。

それでも、「褒めるのがルール」だから、みんな褒めてくれたんです。

人を褒めるのって楽しいし、褒められるのはもっと楽しい

人間て不思議なもので、自分では「失敗だ〜」「自分がいちばんへたくそだ〜」と思っていても、人から褒められると（たとえ、ルールだからと褒めていても）、うれしくなって、どんどんやる気が出てきちゃう。

そうすると、また褒められる。また、やる気が……というので、とっても盛り上がっていました。

このゲームのもう一つのルールは、「いいな」と思った表現は、どんどん真似していいということ。

真似していくうちに、「こういう時は、こんな表現をすればいいんだ」というのが分かって、智恵もどんどん出てきて、書くのが楽しくなってきたんです。

最初は自分たちでそれぞれ写真を撮っていたんだけど、そのうち、ある一枚の写真を見て、それぞれ思ったことを書くというゲームをしました。

あるサービスエリアで、誰かが脱いだ靴を撮影して、それを「お題」にして、みんなで文をつけました。

そうすると面白いんだよね。「持ち主が来るまで、首を長くして待っています」ということを書く人がいたり、「透明人間が履いている」と書く人がいたり……。

この遊びをして、つくづく思ったのは、人の考えって、本当にいろいろだし、「正しい」とか「正しくない」とかは関係ないなということ。

「こういう考えの人もいる」「こう感じた人もいる」って、それぞれの感じ方や考えを大事にしたいなあと思います。

いろいろ違っていたほうが面白いしね。

それに人を褒めるのって、楽しいし、褒められるのは、もっと楽しい。

一人さんが私のために残しておいてくれたピッタリの話

私の本もいよいよ終わりに近づいてきました。この本は、一人さんの十人の弟子の最後の本ともなります。

ほかのお弟子さんの本を読んでくださった方は知っていると思いますが、お弟子さんの本には、一人さんの話を録音した音源がついています。

私は一人さんの十人目の弟子ですから、出版が最後になるのは当然だと思ってました。でも、私の好きな、あの話、この話が、どんどん使われていく……。これはつらいことでした。

私の本を出す時には、もう何も残っていないんじゃないか。

一人さんは、「忠夫ちゃんが本を出す時には、ぴったりの話をつけるよ」と言ってくれてるけど、もうあの話もこの話も使えない……。焦りました。

でも、そんな心配は杞憂でした。

一人さんは長い間、劣等感にさいなまれていた私のために、本当にぴったりの話を残しておいてくれたのです。

それが〈謎のテープ〉〈天才の謎〉です。
その中で一人さんは大切なことをたくさん教えてくれています。

- いちばんいけないのは、自分にないことを望むこと
- 出来ないというのは、やる必要のないこと。いらないこと。出来ないことを生かせばいい。
- 出来る人に「すごいねえ」ってほめてあげられるのは最高の才能
- ほめられる努力をするんじゃないよ。ほめる努力をするんだよ。

「神様が必要ないと思ったことを努力しても、絶対花開かない」

一人さんが私のために入れてくれた話を初めて聞いた時は、感動して涙が出ました。それまで自分が出来ないことを数え上げて劣等感を感じ、卑屈になっていたけれど、この話を聞いて、自分がいかに才能に恵まれているかということに気づきました。

今まで自分が出来ないと思っていたことは、実は才能だったというのです。

「あれも出来なかった」「これも出来なかった」と、よくいうけど、出来なかったんじゃない。いらないものを受け付けなかっただけだというのです。

一人さんは、「神様が必要ないと思ったことを努力しても、絶対花は開かない」と言います。

「神様が与えてくれないものはいらないものなの。それが分かっていないから、三倍も五倍も努力してもろくに出来なくて、『自分はなんてダメな人間なんだろう』となってしまう。

私は、英語とか数学はいらないから、やらなかったの。

その代わり中国の思想だとか、本だとかに興味を持っているから、勉強したの。

ほかの人が一生使わないものを勉強している間に、私は自分に必要なことを勉強した。だから、今はいろいろなことを知ってる。

これがもし、神が与えてくれなかった才能を、落ち込みながら一生懸命努力してたら、私は必要なことを知らないままでいることになっちゃう。

だから、先生がなんと言おうと、関係ない。
いらないと見抜ける力が私の才能なんだから」

この話を聞いて、それまで出来ないと思って卑屈になっていた気持ちが、百八十度変わりました。

人間はいらないものを持ちたがる

人に「出来ないだろう」と言われて落ち込んでいたのが、「それが才能なんだ。必要ないんだ」と、堂々と言えるようになったのです。

「人生でつらい思いをする人は、必要のないことを一生懸命やってるから、

いらないものを手に入れようとしているから苦しいんです。

自然界では、あってもなくてもいいものは、ないほうがいいんだよね。

中心部分が空洞化した大木があります。でも、青々として葉を茂らせている。

それを見て、『丈夫な木だな。中が枯れちゃっているのに、まだ生きてる』と言う人がいるけれど、そうじゃない。

あると邪魔だから、なくなっている。

大木になったら、周りだけで充分。中まで活かしておくほうが面倒くさい。

ところが人間は、自然界のものなのに、いらないものを持ちたがります。

商人は地位もいらなきゃ、名誉もいらない。学歴も必要ありません。

それが、地位を求め、学歴を求め、何かを求めだした時に、人生が狂ってくるんです」

出来ないことは「いらない」こと。必要になったら、出来るようになる

私のすぐ上の姉は珠算が得意で、高校生のときに珠算塾で教えていました。姉が教えているからと、私もそろばん塾に無理やり行かされたことがありましたが、辛いことばかり。全然上達しませんでした。

なんとか二級をとったものの、一人さんに言われて振り返って見ると、私の人生で珠算が出来なくて困ったことなど、一度もないのです。

「それにね、忠夫ちゃん、必要になったら、神様は必ず、その才能を与えてくれるの。『まるかん』がアメリカに進出しなければならない定めになった

ら、なぜか英語が話せるようになる。

それまで演歌ばかり聞いていたのに、なんとなく英語の歌が聞きたくなったり、ビデオも吹き替えじゃなくて、字幕のものを借りてくるようになったりするんだよ。

途中から必要になったら、なぜか途中から出来るようになる。

だから、心配しなくていいんだよ」

そう言われれば、昔は雑談しかできず、人前で話すことなんて考えてもいなかった私ですが、今は十分でも二十分でも講演で話せるようになりました。

出来ないことは「いらない」こと。必要になったら、出来るようになる。

だから、みなさんも出来ることを生かす人生を考えてください。

苦しむことを神さまは願っていないのですから。

そして、一人さんの話にはさらに大切なことが入っています。

「出来る人をほめること。ほめるというのが最高の才能なのね。ほめられる努力をするんじゃないよ、ほめる努力をするんだよ。必ずあなたを幸せにして、富をもたらすのは、人をほめることなの。そのほめる才能というのは、持って生まれているの。あなたも、ひとたび、まわりの人をほめだしてみな。楽しくてしようがないよ」

それが神様が与えてくれた才能だと教えてくれました。

●あとがき

みなさんは「カッコいい人」と聞いて、どんな人を想像しますか？

最新流行の服を颯爽と着こなして、高そうな外車に乗っている人？

一人さんに出会う前の私は、「カッコいい人」とは、そういう人だと思っていました。

でも、今は違います。

私にとってカッコいい人は、斎藤一人さん。一人さんは何もかもカッコいい。私の憧れの人です。

まず言ってることが、カッコいい。

決して否定的な言葉は使わないし、いつも「ありがとう」「感謝してるよ」

と、天国言葉をたくさん言うし、こちらの気持ちが明るくなるような話ばかりしてくれます。

だから、一人さんと話した人は、みんな笑顔になり、豊かになったような気持ちになる。これって、すごいことでしょう。

それに一人さんは長者番付ナンバーワンになるゲームをしているけれど、「お客様を苦しめて一番になりたくない」と、株や土地の売買には、いっさい手を出しません。

バブルの頃、一人さんに、なぜ土地を買わないのか聞いたことがあります。

そうしたら一人さんはこう言いました。

「忠夫ちゃん、うちの会社はお客様に商品を買ってもらうことで成り立っているんだよ。

土地を買うよね。そうすると土地の値段が上がるよね。値上がった時に売れば儲かるよね。

だけど、お客様が土地を買って家を建てたいと思った時、土地が高くなっていたら買えないじゃない？

お客様が不幸せになるようなことはしたくないから、私は土地を買わないんだよ」

そして、一人さんは土地や株に手を出さないで、何度も長者番付一位になりました。

商人としての生き方そのものがカッコいい。

しかも、全然えらぶったところがありません。誰にでも同じ態度で接している。

本当にカッコいいなあと思います。

一人さんのようになりたいと思って三十年たちました。

まだまだ一人さんのようにはなれません。今も教わることばかりです。

でも、一人さんの千分の一、万分の一でもいい。

この本を読んでくれた人が、少しでも明るく、豊かな気持ちになってくれたらと思って書きました。

この本を読んでくださったあなたに、すべての良きことが雪崩のごとく起きます。感謝。

遠藤忠夫

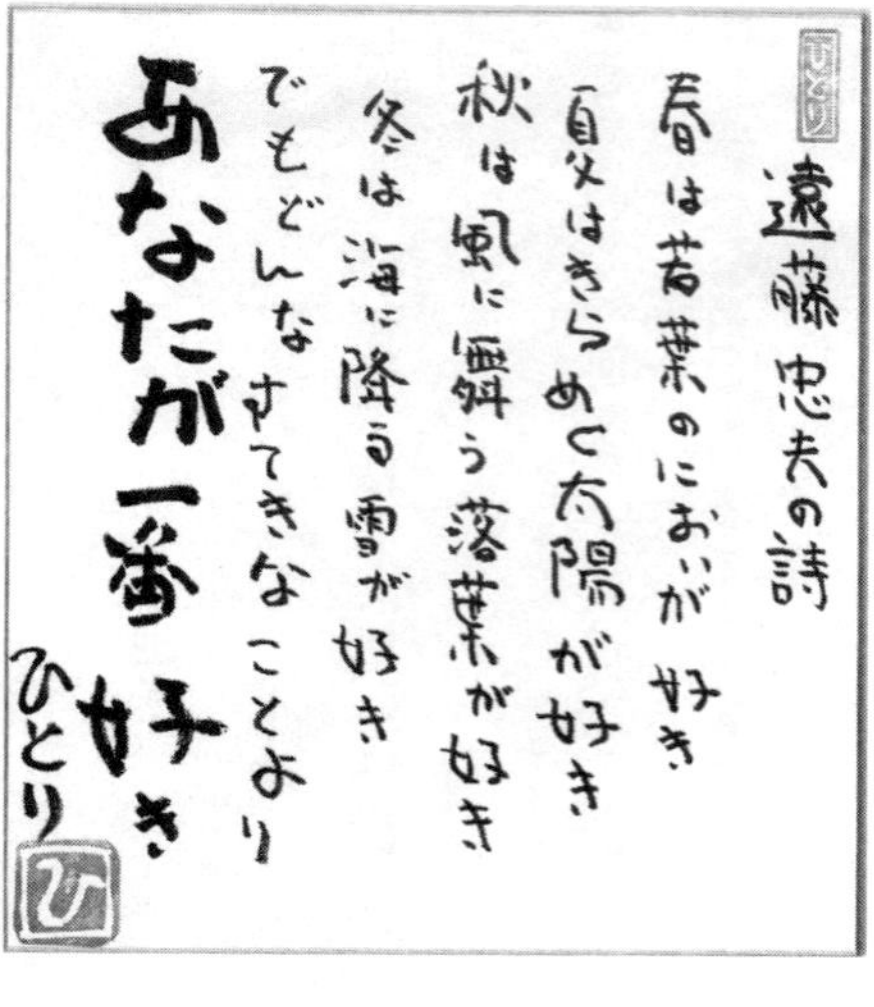
遠藤忠夫の詩
春は若葉のにおいが好き
夏はきらめく太陽が好き
秋は風に舞う落葉が好き
冬は海に降る雪が好き
でもどんなすてきなことより
あなたが一番好き
ひとり

一人さんからの言葉

忠夫ちゃんへ

出版おめでとうございます。

私のお弟子さんの中でいちばん最後の出版になってしまいましたけれど、いつも「私がいちばん最後でいいですよ」と言って、みんなを先に行かせてあげた忠夫ちゃんの気持ちが天に通じたような、いい本ができあがりましたね。

一人さんも本当にうれしいです。

これからも長いつきあいになると思います。
よろしくお願いします。

斎藤一人

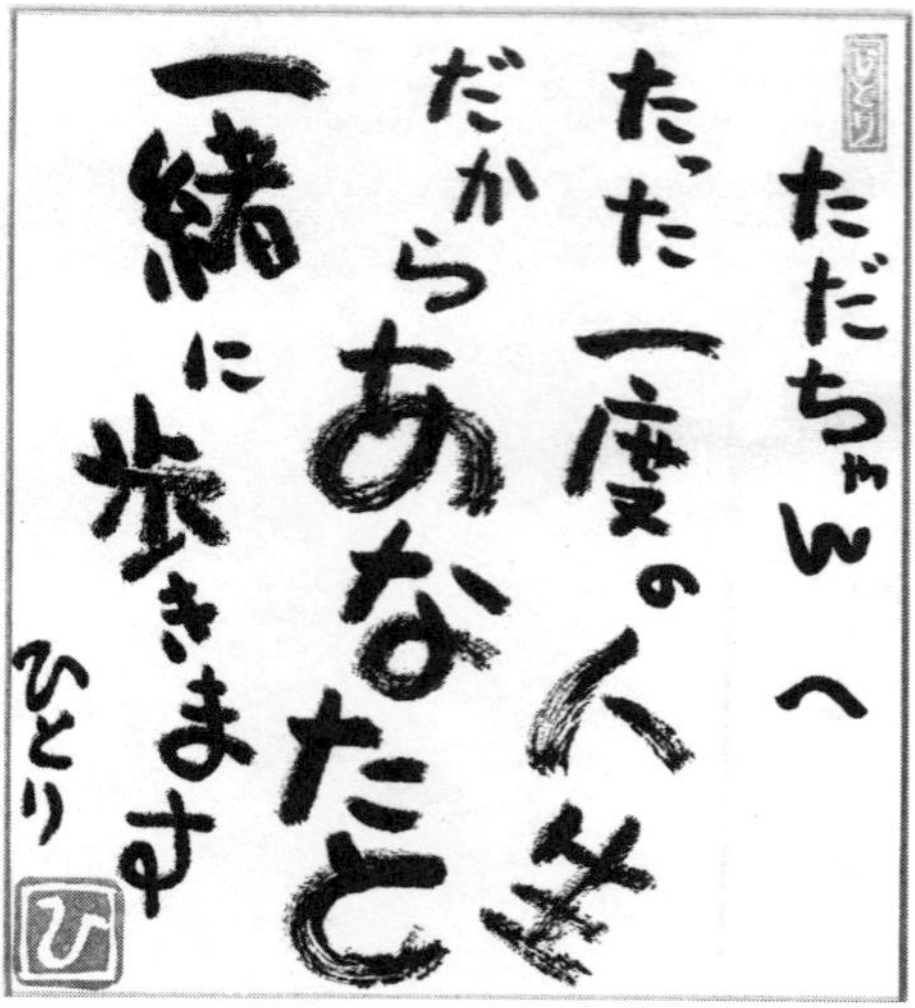

楽しくなる言葉

地獄言葉

ついてない

不平不満

グチ・泣きごと

悪口・文句

心配ごと

ゆるせない

こういう言葉を言っていると、
もう一度こういう言葉を言ってしまうような、
イヤなことが起きます！

家庭も職場も明るく

天国言葉

ついてる

うれしい・楽しい

感謝してます

しあわせ

ありがとう

ゆるします

**こういう言葉をたくさん言っていると、
また言いたくなるような、
しあわせなことがたくさん起きます！**

ひとりさんとお弟子さんたちのブログについて

斎藤一人オフィシャルブログ

（一人さんご本人がやっているブログです）

https://ameblo.jp/saitou-hitori-official

お弟子さんたちのブログ

柴村恵美子さんのブログ
https://ameblo.jp/tuiteru-emiko/

舛岡はなゑさんのブログ
【ふとどきふらちな女神さま】
https://ameblo.jp/tsuki-4978/
銀座まるかん オフィスはなゑのブログ
https://ameblo.jp/hitori-myoudai-hana/

みっちゃん先生のブログとインスタグラム
https://ameblo.jp/genbu-m4900/
https://www.instagram.com/mitsuchiyan_4900/?hl=ja

宮本真由美さんのブログ
https://ameblo.jp/mm4900/

千葉純一さんのブログ
https://ameblo.jp/chiba4900/

遠藤忠夫さんのブログ
https://ameblo.jp/ukon-azuki/

宇野信行さんのブログ
https://ameblo.jp/nobuyuki4499

高津りえさんのブログ
http://blog.rie-hikari.com/

おがちゃんのブログ
https://ameblo.jp/mukarayu-ogata/

楽しいお知らせ

無　　料　ひとりさんファンなら
　　　　　一生に一度はやってみたい

「大笑《おおわらい》参り」

ハンコを9個集める楽しいお参りです。
９個集めるのに約7分でできます。

場　　所：ひとりさんファンクラブ
　　　　　（JR新小岩駅南口アーケード街　徒歩３分）
電　　話：03-3654-4949
　　　　　年中無休（朝10時～夜7時）

≪無料≫　金運祈願　恋愛祈願　就職祈願　合格祈願
　　　　　健康祈願　商売繁盛

ひとりさんファンクラブ

住　所：〒124-0024　東京都葛飾区新小岩1-54-5
　　　　ルミエール商店街アーケード内
営　業：朝10時～夜7時まで。
　　　　年中無休　電話：03-3654-4949

各地のひとりさんスポット

ひとりさん観音：瑞宝山　総林寺
住　所：北海道河東郡上士幌町字上士幌東4線247番地
電　話：01564-2-2523

ついてる鳥居：最上三十三観音第二番　山寺千手院
住　所：山形県山形市大字山寺4753
電　話：023-695-2845

観音様までの楽しいマップ

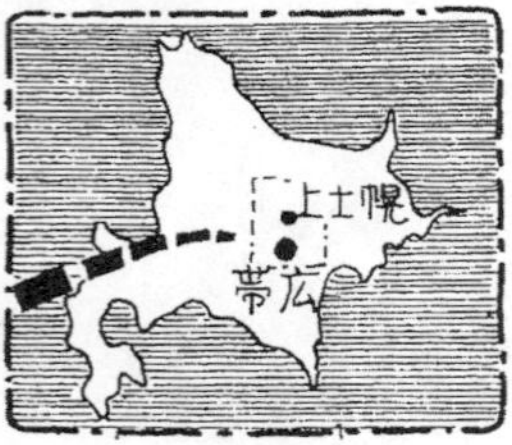

① 愛国←→幸福駅

『愛の国から幸福へ』この切符を手にすると幸せを手にするといわれスゴイ人気です。ここでとれるじゃがいも野菜・etcは幸せを呼ぶ食物かも！ 特にとうもろこしのとれる季節には、もぎたてをその場で茹でて売っていることもあり、あまりのおいしさに幸せを感じちゃいます。

② 十勝ワイン（池田駅）

ひとりさんは、ワイン通といわれています そのひとりさんが大好きな十勝ワインを売っている十勝ワイン城があります

★十勝はあずきが有名で『赤い宝石』と呼ばれています。

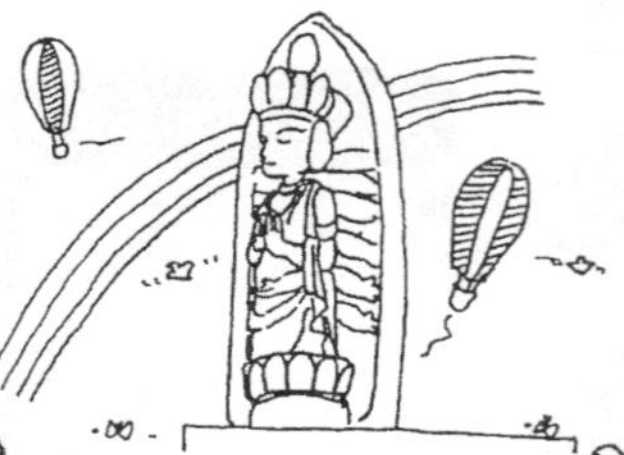

★ 観音様

ひとりさんの寄付により、夜になるとライトアップして、観音様がオレンジ色に浮かびあがり、幻想的です。

この観音様は、一人さんの弟子の1人である柴村恵美子さんが建立しました。

③ 上士幌

上士幌町は柴村恵美子が生まれた町。そしてバルーンの町で有名です。8月上旬になると、全国からバルーンミストが大集合。様々な競技に腕を競い合います。体験試乗もできます。ひとりさんが、安全に楽しく気球に乗れるようにと願いを込めて観音様の手に気球をのせています。

④ ナイタイ高原

ナイタイ高原は、日本一広く大きい牧場です。牛や馬、そして羊もたくさんいちゃうのヨ。そこから見渡す景色は雄大で感動!!の一言です。ひとりさんも好きなこの場所は行ってみる価置あり。

牧場の一番てっぺんにはロッジがあります（レストラン有）。そこで、ジンギスカン焼肉・バーベキューをしながらビールを飲むとオイシイヨ！とってもハッピーになれちゃいます。それにソフトクリームがメチャオイシイ。2ケはいけちゃいますヨ。

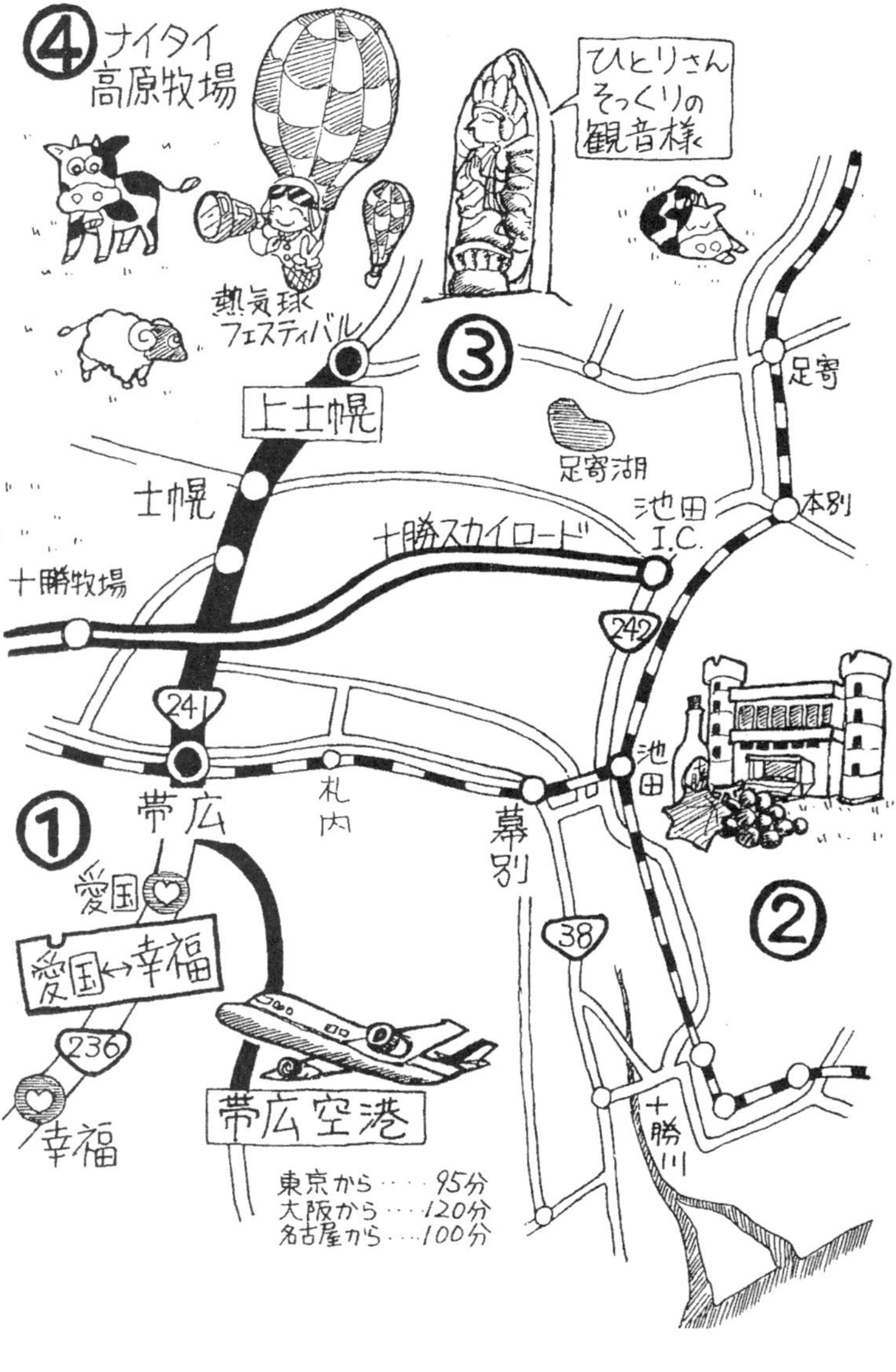

④ナイタイ高原牧場
熱気球フェスティバル
ひとりさんそっくりの観音様
③
上士幌
足寄
足寄湖
士幌
池田I.C.
本別
十勝スカイロード
十勝牧場
242
241
池田
帯広
札内
幕別
①
愛国
愛国↔幸福
②
38
236
幸福
帯広空港
十勝川
東京から……95分
大阪から……120分
名古屋から……100分

斎藤一人さんのプロフィール

東京都生まれ。実業家・著述家。ダイエット食品「スリムドカン」などのヒット商品で知られる化粧品・健康食品会社「銀座まるかん」の創設者。1993年以来、全国高額納税者番付12年間連続6位以内にランクインし、2003年には日本一になる。土地売買や株式公開などによる高額納税者が多い中、事業所得だけで多額の納税をしている人物として注目を集めた。高額納税者の発表が取りやめになった今でも、着実に業績を上げている。また、著述家としても「心の楽しさと経済的豊かさを両立させる」ための本を多数出版している。『変な人の書いた世の中のしくみ』『眼力』（ともにサンマーク出版）、『強運』『人生に成功したい人が読む本』（ともにPHP研究所）、『幸せの道』（ロングセラーズ）など著書は多数。

1993年分——第4位	1999年分——第5位
1994年分——第5位	2000年分——第5位
1995年分——第3位	2001年分——第6位
1996年分——第3位	2002年分——第2位
1997年分——第1位	2003年分——第1位
1998年分——第3位	2004年分——第4位

〈編集部注〉

読者の皆さまから、「一人さんの手がけた商品を取り扱いたいが、どこに資料請求していいかわかりません」という問合せが多数寄せられていますので、以下の資料請求先をお知らせしておきます。

フリーダイヤル 0120-497-285

本書は二〇〇六年四月に弊社で出版した
書籍を新書判として改訂したものです。

斎藤一人
天才の謎

著　者　遠藤忠夫
発行者　真船美保子
発行所　KK ロングセラーズ
東京都新宿区高田馬場 2-1-2　〒 169-0075
電話（03） 3204-5161(代)　振替 00120-7-145737
http://www.kklong.co.jp
印　刷　大日本印刷㈱
製　本　㈱難波製本

落丁・乱丁はお取り替えいたします。
※定価と発行日はカバーに表示してあります。
ISBN978-4-8454-5100-5　C0230　Printed In Japan 2019